Murphys Computergesetze

Murphys Computergesetze

oder:

Wie das Gesetz, daß alles schiefgeht, was schiefgehen kann, durch den Computer optimiert wird

von JOACHIM GRAF

mit Illustrationen von
ROLF BOYKE

CIP-Titelaufnahme der Deutschen Bibliothek

Graf, Joachim:
Murphys Computergesetze oder wie das Gesetz, daß alles, was schiefgehen kann, auch schiefgeht, durch den Computer optimiert wird / Joachim Graf. – München : Markt und Technik, 1990
ISBN 3-89090-949-3

15 14 13 12 11 10 9 8 7 6 5 4 3 2 1

93 92 91 90

Bestell-Nr. 90949

Einbandgestaltung; Grafikdesign Heinz Rauner
Dieses Produkt wurde mit Desktop-Publishing-Programmen erstellt und auf der Linotronic 300 belichtet.
Druck und Verarbeitung: Schoder, Gersthofen
Printed in Germany

INHALTSVERZEICHNIS

Danksagung

Ausdrücklich bedanken möchte ich mich bei der deutschen und internationalen Computerindustrie. Ohne sie hätte es dieses Buch nie gegeben.

Erklärung

Jede Ähnlichkeit mit lebenden Personen, bestehenden Firmen, existierenden Produkten, verfügbaren Marken oder vorhandenen Vertriebsstrategien in diesem Buch ist nicht beabsichtigt, sondern unvermeidlich.

Widmung

Meiner Frau Gerti sowie Sven, Lars und Manuel für ihre täglichen Anregungen zum Kapitel »Menschen« sowie meinem Partner Daniel Treplin zum Kapitel »Computerfreaks«.

Vorwort

Wohl kein Forschungsergebnis hat mehr zum Verständnis unserer modernen Industrie- und Informationsgesellschaft beigetragen wie das Gesetz von Murphy. Wer sich vor Augen führt, daß alles, was schiefgehen kann, auch schiefgehen wird, der wird von einem tiefen Verständnis für die Welt, das Leben an sich und den gesamten Rest durchdrungen.

Die konkreten Anwendungen von Murphys Gesetz reichen von »A« wie »Atomwirtschaft« (»Je gefährlicher und unsinniger ein Projekt ist, um so heftiger wird es von den Bonner Politikern unterstützt«) bis »Z« (»Wenn Du etwas von A bis Z beschreiben willst, fällt Dir entweder zu »A« oder zu »Z« kein Beispiel ein«). Die murphyologische Forschung hat eine Vielzahl von Veröffentlichungen hervorgebracht.

Für fast jede Quelle täglicher Pannen – seien es Frauen oder die gegenwärtige Bonner Regierung – sind murphyologische Arbeiten erhältlich. Ein Bereich wurde allerdings bisher aus für den Autor nicht nachvollziehbaren Gründen ausgespart: die elektronische Datenverarbeitung.

Dabei tragen Computer wie kaum ein anderes als Objekt getarntes Subjekt unseres Alltags dazu bei, das Gesetz von Murphy immer wieder aufs neue zu bestätigen. Alle nur denkbaren pannenträchtigen Komponenten sind in einem Computersystem vereint: Zentraleinheit, Monitor, Massenspeicher, Erweiterungskarten, Tastatur und weitere Peripheriegeräte arbeiten hart daran, möglichst unverträglich zueinander zu sein. Wo dies nicht ausreicht, unterstützt die Dreieinheit aus Programmierer, Anwendungsprogramm und Anwender das physikalische Gesetz der Entropie, nach dem die Natur stets einen Zustand des größtmöglichen Chaos anstrebt.

Der vorliegende Band versucht daher, diese Lücke in der murphyologischen Forschung zu schließen.

Dem Autor kam dabei seine jahrelange Beschäftigung mit Computersystemen als Anwender, Programmierer und EDV-Fachjournalist – also: stets als Opfer – zugute.

Sollte der Leser in diesem Buch einen fachlichen Irrtum oder einen Rechtschreibfehler entdecken, so ist auch dies eine Bestätigung von Murphys Gesetz. Denn

1. war der Autor bemüht, solche Fehler zu vermeiden und
2. ist dieses Buch auf einem Computer mit einem Textverarbeitungsprogramm entstanden und wurde mit einem automatischen Rechtschreibprüfprogramm korrigiert.

A. Murphyologische Grundlagen

Murphys Gesetz ist die Präzisierung und logische Weiterentwicklung der allgemeinen Entropielehre, nach der alle Teilchen des Universums bestrebt sind, sich in größtmöglicher Unordnung anzuordnen. Die Erkenntnis, daß besagte Teilchen auf dem Weg dorthin Dir mindestens einmal auf die Zehen fallen, führte zu

Murphys Gesetz:

Wenn etwas schiefgehen kann, dann wird es auch schiefgehen.

Mit der Erfindung des Computers versuchte der Mensch zum ersten Mal, unbelebter Materie eine gewisse Intelligenz einzuhauchen. Ein fataler Entschluß. Denn bis zum heutigen Tag sind Computer zwar weder intelligent noch kreativ. Jedoch Heimtücke, Hinterhältigkeit und Verschlagenheit sind bei ihnen bereits optimal entwickelt. So können wir Murphys Gesetz erweitern durch die

Erste digitale Ableitung:

Murphys Gesetz wird durch Computer optimiert.

Da aber moderne Computer heute bereits mehr als eine Sache gleichzeitig machen können, folgt nahtlos die

Zweite digitale Ableitung:

Alles geht auf einmal schief.

Mit der Erfindung von Checksummen, Korrektur- und Backup-Programmen sowie fehlertoleranten Systemen erschließt sich dem staunenden – zum Objekt degradierten – Menschen die Vielseitigkeit der elektronischen Datenverarbeitung durch die

Dritte digitale Ableitung:

Es geht auch schief, wenn es eigentlich nicht schiefgehen kann.

Werten wir den reichhaltigen Erfahrungsschatz von Anwendern, Programmierern, Entwicklern und anderen armen Schweinen aus, können wir nun Murphys Gesetz und seine digitalen Ableitungen auf den elektronischen Alltag gesetzmäßig anwenden:

Erste elektronische Anwendung von Murphys Gesetz:

Bei Computern ist nichts undenkbar, geschweige denn unmöglich – außer dem Wünschenswerten.

Zweite elektronische Anwendung von Murphys Gesetz:

In der Welt der EDV enden Pannen nicht, sondern gehen, einander überlappend, ineinander über.

Dritte elektronische Anwendung von Murphys Gesetz:

Computer-Pannen warten geduldig auf den ungünstigsten Zeitpunkt, um dann erbarmungslos zuzuschlagen.

Daniels Korrekturanmerkung zur dritten elektronischen Anwendung:

Kann denn eine Panne zuschlagen?

Joachims Antwort auf Daniels Korrekturanmerkung:

Wart's nur ab.

Vierte elektronische Anwendung von Murphys Gesetz:

Man kann sich bei Computern auf nichts verlassen. Nicht einmal darauf, daß man sich auf nichts verlassen kann.

Fünfte elektronische Anwendung von Murphys Gesetz:

1. Du kannst niemals einer großen Panne entgehen, indem Du eine kleine produzierst.
2. Im besten Fall wird sich die kleine Panne zur großen hinzugesellen, um diese zu unterstützen.

Sechste elektronische Anwendung von Murphys Gesetz:

Niemand kann sich so viele Pannen vorstellen, wie im Inneren eines Computers passieren.

Bernhards Seufzer:

Du kannst Dir aber sicher sein, daß Du jede einzelne am eigenen Leibe verspüren wirst.

Bernhards Folgerungen:

1. Wahrlich große Pannen verhalten sich wie Fernsehintendanten: Sie produzieren möglichst viele Wiederholungen.
2. Billige Pannen gibt es nicht.
3. War eine Panne doch einmal billig, dann hast Du ihren wahren Umfang noch nicht erkannt.

Da Computer und elektronische Datenverarbeitung zumindest ursprünglich etwas mit Mathematik zu tun hatten, ist diese allgemeine Einführung in die Computer-Murphyologie nicht vollständig ohne die mathematische Begründung von Murphys Gesetz. Der Leser sollte jedoch berücksichtigen, daß Mathematik und binäre sowie menschliche Logik einerseits und EDV-Anlagen nichts, aber auch gar nichts miteinander zu tun haben. Selbstverständlich mit der Ausnahme, daß man diesen Satz zu beweisen sucht:

Mathematische Begründung von Murphys Gesetz:

Die exakte mathematische Formel für Murphys Gesetz im Bereich der EDV lautet: 1+1=2, wobei »=« ein Symbol mit der Bedeutung »selten, wenn überhaupt« ist.

Abweichungstheorem:

Der Unterschied zwischen digitaler Logik und Murphys Gesetz besteht darin, daß man nach der digitalen Logik eigentlich davon ausgehen müßte, daß alles immer nach der gleichen Methode schiefgeht.

Binäre Übersetzung des Abweichungstheorems:

Wenn Null besonders groß ist, ist es beinahe so groß wie ein bißchen Eins.

B. TÄTER

Wo immer auf dieser Welt ein Computer und ein Mensch zusammenkommen, gibt es Täter und Opfer. Wer Täter und wer Opfer ist, bestimmt der persönliche Bezugspunkt: Egal was passiert, man gehört immer zu den Opfern. Schließlich gilt wie überall im Leben auch in der Welt der Computer das

Allgemeine Opfergesetz:

Egal, auf welcher Seite Du gerade stehst – diese Seite wird verlieren.

Wenn Du die Seite wechselst, wird sich auch das Schlachtenglück wenden.

Das Allgemeine Opfergesetz auf den EDV-Bereich angewendet und präzisiert, ergibt die

Digitale Quartettregel:

1. Bist Du ein Anwender, so wirst Du gegen Computer, Hardwarehersteller und Programmierer verlieren.
2. Bist Du ein Hardwarehersteller, so wirst Du gegen Computer, Anwender und Programmierer verlieren.
3. Bist Du ein Programmierer, so wirst Du gegen Computer, Hardwarehersteller und Anwender verlieren.

Definition von Besitzern von »Heim-« und »Semi-professionellen« Computern:
Männliches Wesen, dem es nichts ausmacht, endlose Stunden für eine Tätigkeit zu opfern, die keinen praktischen Nutzen hat, dabei jeden Bezug zur Realität verliert und keine Zeit mehr für seine Umgebung, seine Mitmenschen, seine Freunde oder seine Familie hat.

Konsequente Folgerungen aus der digitalen Quartettregel:

1. Es kann keine menschlichen Gewinner geben.
2. Der Computer gewinnt immer.

Erweiterte Folgerung aus der digitalen Quartettregel:

Sollte der Computer einmal nicht gewinnen, dann gewinnen Software oder Peripheriegeräte, im besten Fall die Steckdose.

Aufgrund dieser Ableitungen beschäftigen wir uns im folgenden Abschnitt vorwiegend mit den Siegern im allgemeinen Existenzkampf: der Computer-Hard- und -Software.

Doch jeder Computerbesitzer weiß, daß nicht allein die Unbillen der Technik auf ihn lauern. Wer nicht das Glück hat, alleine mit seinem Computer Wohnung oder Büro zu teilen, dem drohen weitere Gefahren von sogenannten »Freunden«, von Mitbewohnern, Kollegen und Familienangehörigen. Kurz: Die Kombination aus heimtückischer Technik und Computerlaien richtet den maximal möglichen Schaden an.

In Kapitel 4 hingegen wird das Allgemeine Opfergesetz auf die Gruppe der Nicht-Computerbesitzer angewendet: Hier galt das analytische Interesse des Autors den Gesetzmäßigkeiten, die – aus der

Sicht eines Normalmenschen – bei einem Zusammenprall von diesem mit einem Computerfreak entstehen.

1.0 Hardware

Hardware ist der geglückte Versuch, die Fehler der Software vorherzuahnen, vorhandene Irrtümer zu optimieren, zu speichern und mit immer höherer Geschwindigkeit zu produzieren.

Hardware setzt sich zusammen aus Computer, Eingabegerät, Drucker, Massenspeicher sowie anderer in Silizium geätzter Heimtücke.

Hardware ist aus der Sicht des Anwenders dazu da, analog der gestellten Aufgabe, einwandfrei und mit höchstmöglicher Geschwindigkeit so viele Fehler hervorzubringen, daß in kürzestmöglicher Zeit eine größtmögliche Anzahl von nicht mehr zu korrigierenden Schäden auftritt.

Für Programmierer und Hersteller hingegen ist Hardware dazu da, analog der gestellten Aufgabe, einwandfrei und mit höchstmöglicher Geschwindigkeit so viele Fehler hervorzubringen, daß in kürzestmöglicher Zeit eine größtmögliche Anzahl von nicht mehr zu korrigierenden Schäden auftritt.

Doppelgesetz von der komplexen Hardware:

1. Komplexe Systeme neigen zu komplexen Fehlern.
2. Einfache Systeme hingegen neigen zu komplexen Fehlern.

Erste Erweiterung:

Neue Systeme produzieren neue Fehler.

Zweite Erweiterung:

Neue Systeme wiederholen ihre neuen Fehler.

Dritte Erweiterung:

Alte Systeme produzieren neue und alte Fehler.

Schlußfolgerungen:

1. Komplexe Systeme neigen dazu, ihre eigene Funktion zu behindern.
2. Computer funktionieren nur deshalb, damit sie Fehler produzieren können.
3. Systeme neigen zum Wachstum und werden dadurch anmaßend.

Die abteilungsspezifische Ableitung:

Willst Du in Deiner Abteilung eine permanente Ausrede für eigene Fehler haben, dann rüste sie mit Computern aus (siehe dazu auch Anhang F: Die besten Ausreden).

Erster Gegensatz von digitaler und analoger Logik:

Menschen, die mit Computern arbeiten, verhalten sich nicht so, wie der Computer verlangt, daß sie sich verhalten sollen.

Zweiter Gegensatz von digitaler und analoger Logik:

Menschen werden sich dann und nur dann vernünftig verhalten, wenn alle anderen Möglichkeiten ausgeschöpft sind.

Dritter Gegensatz von digitaler und analoger Logik:

Systeme, die idiotensicher sind, werden auch nur von Idioten bedient.

Gegensatz von digitaler und digitaler Logik:

Computer, die mit anderen Computern zusammenarbeiten, verhalten sich nicht so, wie die andere Computer verlangen, daß sie sich verhalten sollen.

Das Assembly-Axiom

Alles, was zusammengesetzt wurde, fällt früher oder später auseinander.

Verschärfungen:

1. Alles fällt früher auseinander.
2. Es sucht sich den ungünstigsten Zeitpunkt dazu aus.
3. Alle unbeseelten Gegenstände können sich gerade soweit bewegen, daß sie einem im Weg stehen.

Allgemeine Reparaturgesetze:

1. Wenn Du das kaputte Teil entdeckt hast, fehlt Dir das entsprechende Werkzeug, um es auszubauen.
2. Wenn Du es ausbauen kannst, muß der Computerhändler es an den Hersteller einschicken.
3. Wenn der Händler es auf Lager hat, ist der Austausch unnötig.
4. Die Reparaturkosten können bestimmt werden, indem man den Reparaturkostenvoranschlag und den Preis für ein neues Gerät jeweils mit zwei multipliziert und den höheren der beiden Werte nimmt.
5. Ein vom Händler geliefertes Ersatzteil ist in Deinem Computer nicht lauffähig.
6. Das reparierte Teil ist nach dem erneuten Einbau ebenfalls nicht mehr lauffähig.
7. Handelt es sich bei einem Reparaturfall um eine Festplatte, dann wirst Du die darauf gespeicherten Daten nie mehr wiedersehen.

Ausnahme vom siebten Reparaturgesetz:

Du wirst lediglich das Inhaltsverzeichnis der Festplatte wiederherstellen können, um zu sehen, was Dir alles vorlorengegangen ist.

Das Zeitdilemma der Hersteller (»EISA-Syndrom«):

1. Kündigst Du ein Produkt zu früh an, dann haben es alle längst vergessen, wenn es endlich erscheint.
2. Kündigst Du es zu spät an, dann ist die Konkurrenz mit gleichartigen Produkten schneller.
3. Es ist immer zu früh oder zu spät.

Folgen (auch »Jacks Desaster« genannt):

1. Neuerscheinungen werden immer früher angekündigt, spätestens jedoch sechs Monate vor Fertigstellung des ersten Prototyps.
2. Produkte erscheinen immer nach dem angekündigten Erscheinungstermin, frühestens jedoch sechs Monate nach der Ankündigung.
3. Bis ein Gerät tatsächlich erhältlich ist, ist es veraltet.
4. Die tatsächliche Markteinführung eines Produkts ist immer nach der Ankündigung der Nachfolgegeneration von seiten der Konkurrenz.

Logische Konsequenz:

Irgendwann werden sämtliche Hersteller dazu übergehen, Produkte nur noch anzukündigen, um sich Entwicklungs- und Produktionskosten zu sparen.

1. Ein Gerät auseinanderzubauen,
ist einfach.
2. Es wieder so zusammenzubauen,
daß es hinterher noch funktioniert,
ist unmöglich.

Franz' Optionalgesetze:

1. Wenn ein Hersteller sagt, sein Gerät habe diese und jene Option, so heißt das nur, daß der Hersteller bewußt eine wichtige Leiterplatte weggelassen hat, damit man sie extra kaufen muß.
2. Die Erweiterung wird mehr kosten als das eigentliche Gerät.
3. Die Erweiterung wird funktionieren, allerdings nicht bei Dir.
4. Wenn Du Dein Computersystem irgendwann einmal verkaufen willst, wirst Du die Erweiterung nicht los.

Udos Bastelerkenntnisse:

1. Ein elektronisches Gerät auseinanderzubauen ist einfach.
2. Es wieder so zusammenzubauen, daß es hinterher noch funktioniert, unmöglich.
3. Dagegentreten hilft nur bei anderen.

1.1 Computer

Die Leistungsfähigkeit eines Computers setzt sich zusammen aus seiner Intelligenz – also der Anzahl der fest eingebauten Fehler, der Geschwindigkeit, mit der er eine größtmögliche Zahl von Katastrophen produzierte und der Antwortzeit: die Zeit, die der Computer braucht, um sich von Ihrer Eingabe zu erholen.

Seit Jahren ist die Computerindustrie mit wachsendem Erfolg dabei, die Leistungsfähigkeit und Fehleranfälligkeit ihrer Systeme zu erhöhen und damit eine immer größere Zahl von Supportingenieuren, Reparaturbetrieben, Installationsfachleuten und Troubleshooting-Experten in Lohn und Brot zu setzen. Diesem wachsenden Markt steht auf der anderen Seite die immer geringer werdende Zahl von Firmen gegenüber, die noch ohne Computer in der Lage sind, positive Bilanzen zu erreichen. Ganz zu schweigen von der noch geringeren Zahl von Firmen, die noch in der Lage sind, trotz ihrer Computer positive Bilanzen zu erreichen.

Murphys Gesetz – daß nämlich alles, was schiefgehen kann, auch schiefgeht – wird wie wir festgestellt haben durch den Computer optimiert. Da diese Regel sowohl für das Computersystem an sich als auch für die Beziehung »Computer/Rest der Welt« gilt, sind die Chancen groß, daß es schon in absehbarer Zeit außer Computerherstellern und Computerreparaturbetrieben keine anderen Firmen mehr gibt, bis auch diese aufgrund obligatorischer Computerfehler Konkurs anmelden und eine Gesellschaft übrigbleibt, in der außer Computerfehlern nichts mehr existiert.

Das endgültige Preis-Gesetz:

Gleichgültig, wie teuer Du ein Computersystem einschätzt. Es wird am Ende stets teurer als erwartet.

Platts Berechnung des endgültigen Preis-Gesetzes (auch unter dem Namen »gemeines Erweiterungsfieber« bekannt):

K > (J * (1000 + A / 15)) + (1,5 * B) + A / 20

Dabei sind K die Gesamtkosten in Mark nach J Jahren, wenn der Anwender ein jährliches Nettoeinkommen von A besitzt und sich einbildet, sein System würde B Mark kosten.

Beispiel für Platts Berechnung des endgültigen Preis-Gesetzes:

Ein MS-DOS-Computer, von dem der Verkäufer sagt, er koste 2000 Mark, wird einen Anwender mit einem jährlichen Nettoeinkommen von 36000 Mark nach einem Jahr also inklusive Software, Schulungen, Computerbüchern und -zeitschriften sowie der dringend erforderlichen Erweiterungen insgesamt mindestens 8200 Mark kosten:

(1 * (3400)) + (3000) + 1800

Das Dimensionsmirakel:

Jeder Computer ist zu klein.

Präzisierungen:

1. Hat er eine ausreichend große Festplatte, dann ist sein Hauptspeicher zu klein.
2. Hat er genügend Hauptspeicher, dann ist die Festplatte zu klein.

Die MS-DOS-Erweiterung zum Dimensionsmirakel:

Sind Festplatte und Hauptspeicher ausreichend dimensioniert, dann besitzt er ein Betriebssystem, das

a) eines von beiden oder beides nicht unterstützt
b) eine Speicherverteilung benötigt, die das vorhandene Anwendungsprogramm nicht versteht.

Die physikalische Erweiterung zum Dimensionsmirakel:

1. Auf jeden Fall besitzt Dein Computer einen Steckplatz zuwenig.
2. Das stellst Du erst dann fest, wenn Du Dir eine neue Steckkarte gekauft hast.

Die BIOS-Erkenntnis:

1. Das BIOS ist immer nur 99prozentig kompatibel.
2. Das von Dir am häufigsten benutzte Programm greift auf das letzte Prozent zu und stürzt unter Datenverlust ab.

Die Styroporvorhersage:

a) Je einfacher die Gebrauchsanleitung (beispielsweise: »hier ziehen«), desto schwieriger ist es, alle Einzelteile heil aus dem Verpackungsmaterial zu schälen.

b) Das wichtigste Teil wird immer mit der Verpackung weggeschmissen.

c) Du wirst alle Einzelteile der Verpackung nie wieder in den umhüllenden Karton bekommen, um diesen wegräumen zu können.

d) Sobald der Computer die Verpackung verlassen hat, wird er nie wieder hineinpassen.

Mengenmäßige Relation der Styroporvorhersage:

Je mehr Verpackungsmaterial zum Einsatz kommt,

a) um so mehr Teile sind nach dem Auspacken zerstört.

b) um so mehr Teile sind nicht mehr aufzufinden.

Die Erkenntnis des Norman Mailer:

Computer sind die intelligentesten Idioten, die es gibt.

Die dreizehn Bauteil-Gesetze:

1. Ein kostspieliger Chip, geschützt durch eine schnell wirkende Sicherung, wird die Sicherung schützen, indem er zuerst durchbrennt.
2. Bauteile funktionieren so lange und wirklich nur so lange, bis sie die Eingangskontrolle passiert haben.
3. Nachdem Du bereits alle 16 Halterungsschrauben am Computergehäuse entfernt hast, wird Du feststellen, daß Du die falsche Abdeckung entfernt hast.
4. Nachdem eine Abdeckung durch 16 Schrauben gesichert wurde, wirst Du feststellen, daß Du ein Anschlußkabel oder eine Steckbrücke vergessen hast.
5. Nachdem der Computer wieder in Betrieb genommen wurde, findest Du restliche Teile auf dem Arbeitsplatz.
6. Toleranzen werden sich in eine Richtung zum Zwecke der größten Schwierigkeiten beim Montieren ansammeln.
7. Die Steckplätze oder Chipsockel, in die Du etwas einstecken oder einbauen willst, sind am schlechtesten zugänglich.
8. Für alle komplizierten Montagen brauchst Du drei Hände.

Die Fertigstellung eines Programms
braucht immer doppelt so lang,
wie geplant.

9. Für alle einfachen Montagen brauchst Du vier Hände.
10. Gehäusebohrungen sind einen zehntel Millimeter zu klein.
11. Bohrungen mit dem richtigen Durchmesser sind an der falschen Stelle.
12. Muttern passen nie auf überzählige Schrauben.
13. Der einzig verfügbare Steckplatz ist für die einzubauende Steckkarte zu kurz.

Die Batteriebanalität:

Der Akku eines Laptops ist eine Minute vor dem nächsten fälligen Speichern leer.

Relation zwischen Batterie und Arbeit:

Je mehr ungespeicherten Text man hat, um so schneller ist der Laptop-Akku leer.

Das Privatnutzungsaxiom:

Computer, die tagsüber perfekt funktionieren, versagen nachts, wenn Du ins Büro zurückgehst, um sie für Privatgeschäfte zu verwenden.

Erweiterung:

Dennoch wird der Host Deine Aktionen mitprotokollieren und Dein Chef ausnahmsweise Zeit finden, diese Protokolle zu lesen.

Gesetz vom Kundendienst:

Computer, die kaputt sind, funktionieren, solange der Kundendienst anwesend ist.

Jaruks Wartungsgesetz:

1. Wenn es billiger wäre, einen neuen Computer zu kaufen, besteht die Firma auf Reparatur.
2. Wenn es günstiger wäre, das alte System zu reparieren, besteht die Firma auf dem neuesten Modell.

Das Siemenssche Doppelgesetz von der Kompatibilität:

1. Alle PCs sind kompatibel. Nur sind manche kompatibler als andere.
2. Deiner ist immer um das entscheidende Quantum weniger kompatibel.

Das Verbesserungsgesetz:

1. Ein Computermodell heißt »Enhanced«, »Advanced« oder »Extended«, wenn es dem Hersteller gelungen ist, einen Teil der Fehler zu beheben, die die Vorgängerversion unbrauchbar gemacht hat.
2. Solch ein Computer wird erst dann auf den Markt gebracht, wenn Du die Vorgängerversion gekauft hast.

3. Jeder Hersteller wird in seinen verbesserten Computermodellen genügend Fehler verstecken, damit es noch für mindestens eine wiederum »verbesserte« Version reicht.

1.2 Eingabegeräte

Die Computerindustrie bezeichnet Tastatur, Maus, Trackball und Digitalisierbrett gerne als »Benutzerschnittstelle«. Was unter konsequenter Anwendung von Murphys Computergesetzen eigentlich nichts anderes bedeuten kann, als daß sich der Benutzer geschnitten hat, wenn er meint, er könne mit einem dieser Geräte vernünftig arbeiten.

Während eine Tastatur dazu gemacht wurde, mit unlogischen Cursorbewegungen aus unübersichtlichen Menüs schwerverständliche Befehle auszuwählen, die besser per Maus angewählt werden, dienen Maus, Trackball und Digitalisierbrett dazu, mit unlogischen Maus-, Trackball- und Digitalisierstiftbewegungen aus unübersichtlichen Menüs schwerverständliche Befehle auswählen, die besser per Tastatur angewählt werden und dabei Subjekt und Objekt durch so lange und komplizierte Satzkonstruktionen voneinander zu trennen, bis es Lektor, Leser und Textverarbeitungsprogramm schwindelig wird.

Wirklich zukunftsorientierte Computerbesitzer warten deshalb auf die ersten funktionsfähigen Spracheingabegeräte. Erst mit diesen wird es möglich sein, die höchste Stufe des Mißverstehens zwischen Computer und Bediener zu erreichen.

Die grundlegenden Tastaturerkenntnisse:

1. Deine Tastatur hat immer eine Taste weniger, als Dein bevorzugtes Programm unterstützt.
2. Deine Tastatur hat immer eine Taste zuviel, die kaputtgehen kann und wird.

Die grundlegende Maus-Erkenntnis über die Kompatibilität:

Kaufst Du Dir eine Mouse-System-kompatible Drei-Tasten-Maus, wirst Du Dein Leben lang kein Programm finden, das diese dritte Taste unterstützt. In dem Moment, wo Du auf eine Microsoft-kompatible Zwei-Tasten-Maus umsteigst, wirst Du vorwiegend mit einem Programm arbeiten müssen, das die dritte Taste sinnvoll einsetzt.

Die grundlegende Digitalisierbretterkenntnis:

Egal, wie lang oder kurz Du Dein Digitalisierbrett schon hast: Die Folie über den wirklich wichtigen Funktionen ist immer zerkratzt genug, um diese regelmäßig zu verwechseln.

Die grundlegende Barcodestifterkenntnis:

Du wirst mit Deinem Barcodestift alles Unwichtige fehlerfrei einlesen können: Das Etikett Deines Jacketts genauso wie den Preis der Frühstücksflocken. Nur an den Barcodes, die Dein Programm ausgibt, wird er mit der höchstmöglichen Fehlerrate scheitern.

Der Trackball/Maus-Unterschied:

1. Du hast immer so viel Platz für eine Maus auf Deinem Schreibtisch, daß Du die Unannehmlichkeiten eines Trackball-Einsatzes in Kauf nehmen würdest.
2. Du hast immer weniger Platz auf Deinem Schreibtisch, als Deine Maus braucht.

Das Maustreiberaxiom:

Bei dem einzigen Programm, für das Du Deine Maus brauchen kannst, versagt der Maustreiber.

Das Wurstfingerphänomen:

Tippst Du zwei Tasten gleichzeitig, wird derjenige Buchstabe auf dem Monitor erscheinen, den Du nicht wolltest.

Die AT/XT-Relation:

Wenn Du eine Tastatur besitzt, die in zwei Modi betrieben werden kann, wird sie immer auf den falschen Modus eingestellt sein.

Gesetz von der hüpfenden Escape-Taste (auch als »XT-AT-MF2-Divergenz« oder »'SHIFT' / '<' und <ESC>-Verblüffung« bekannt):

Arbeitest Du abwechselnd an zwei Computern, werden deren Tastaturen die größtmöglichen Layoutabweichungen untereinander aufweisen.

Gesetz der Pull-down-Menüs

1. Du klickst immer den Menüpunkt daneben an.
2. Stehen zwei falsche Menüpunkte zur Auswahl, wird der Mauszeiger denjenigen aktivieren, dessen Auswirkungen am schwerwiegendsten sind und bei dem die meiste Zeit erforderlich wird, den Ursprungszustand wieder herzustellen.

Gregors Seufzer:

Es fällt immer die Taste aus, die am häufigsten benutzt wird. Also immer [E] oder die Leertaste, niemals jedoch die [Pause]- oder die [F12]-Taste.

Die Return-Ergänzung zu Gregors Seufzer:

Wenn schon die Return-Taste ausfällt, dann ist es die auf der alphanumerischen Tastatur, niemals die auf dem Zahlenblock.

Ausnahme:

Wenn Du überwiegend mit der Maus arbeitest und die Tastatur nur dafür brauchst, um lange Zahlenkolonnen einzutippen, ist es genau umgekehrt.

Das Schnittstellenphänomen

Die Maus steckt immer in der Schnittstelle, die der Maustreiber nicht anspricht.

Gesetz vom »Beenden«-»Nein«-Doppelschlag:

Wenn Du aus Versehen auf die Tastenkombination kommst, die Dein Programm beendet, wirst Du ebenfalls die Taste drücken, die die Frage verneint, ob die gemachten Änderungen abgespeichert werden sollen.

Beweis:

Die Tasten [B] für »Beenden« und [V] für »Verlassen des Programms« liegen in unmittelbarer Nachbarschaft der Taste [N] (Für »Speichern – Nein«).

Ableitung für englischsprachige Programme:

Die Tasten [Q] für »Quit« und dem [A] für »Abort« liegen genauso günstig.

1.3 Drucker

Ein Drucker zerfällt in den stets verstopften Druckkopf, eine zu kleine Papierzuführung, ein nicht passendes Kabel, ein leeres Farbband beziehungsweise eine leere Tonerkassette sowie eine den Computer nicht verstehende Elektronik – und dies genau in dem Moment, wenn man ihn anschaltet.

Darüber hinaus ist der Drucker die letzte Gelegenheit eines Computers, Fehler zu produzieren. Schließlich gilt zur Erfüllung von Murphys Gesetz

Die Ultima Ratio des Ausdrucks:

1. Wenn alles funktioniert hat, wird der Drucker versagen.
2. Wenn der Drucker nicht versagt, werden die ausgedruckten Ergebnisse falsch sein.
3. Stimmen die Ergebnisse, wirst Du sie nicht entziffern können
4. Stimmt alles, interessiert sich niemand für Deine Ergebnisse.

Es gibt zwei Kategorien von Druckern, die im nachfolgenden Kapitel gleichberechtigt nebeneinander behandelt werden, da sie keine prinzipiellen Funktionsunterschiede aufweisen: Matrixdrucker, die mit nervenzerfetzender Lautstärke Papier mit unleserlichen Hieroglyphen besudeln und Laserdrucker, die dies mit nervenzerfetzender Geräuschlosigkeit tun.

Aldus' Druckgrundsatz:

Ein Ausdruck ist nie vollkommen.

Die Manuskript-Konkretisierung von Aldus' Druckgrundsatz:

Den Fehler auf einem Ausdruck entdeckst Du erst, wenn Du Dir die Kopie ansiehst und der Brief mit dem Ausdruck bereits im Briefkasten liegt.

Die Grafik-Konkretisierung von Aldus' Druckgrundsatz:

1. Der Ausdruck paßt nie auf eine Seite.
2. Paßt er doch, dann ist die Papierabreißkante so verrutscht, daß der Ausdruck dennoch über die Perforation geht.

Der mathematische Druckerpapier-Beweis:

Bei einem auszudruckenden Text der Länge n Seiten ist die zur Verfügung stehende Restmenge Druckerpapier n–1 Blatt.

Das Reimer-Syndrom (auch »gemeiner Etikettenschwindel« genannt):

Ein Drucker wird so lange anstandslos auf Etiketten drucken, solange Du anwesend bist. In dem Moment, wenn Du den Raum verläßt, bleiben die Etiketten im Papiereinzug kleben.

Der Auflösungsdreisatz:

1. »Hohe Auflösung« bedeutet, daß ein Kreis auf dem Bildschirm aussieht wie Stonehenge von oben – nur verschmiert.

2. »Mittlere Auflösung« bedeutet, daß ein Kreis auf dem Bildschirm aussieht wie Stonehenge von oben – nur unscharf.
3. »Niedrige Auflösung« bedeutet, daß ein Kreis auf dem Bildschirm aussieht wie Stonehenge von oben – nur klotziger.

Das Epson-Gesetz von den Druckerleistungen

1. »Near Letter Quality« bedeutet, daß ein Drucker etwas zu Papier bringt, was so ähnlich wie Buchstaben aussieht.
2. »Letter Quality« ist die Schriftart, bei der man nur beim Hinsehen erkennt, daß sie aus einem Matrixdrucker stammt.
3. »Draft« ist die Bezeichnung für eine Betriebsart, die

– bei schlechtem Farbband das Papier unverändert hinterläßt und

– bei neuem Farbband etwa drei Millimeter hohe hellgraue Linien aufs Papier bringt.

Beides allerdings in höchstmöglicher Geschwindigkeit.

Petras Druckertreiber-Analyse:

Gegeben ist ein Anwendungsprogramm mit beliebig vielen Disketten, auf denen beliebig viele Druckertreiber sind.

Daraus lassen sich folgende Aussagen ableiten:

1. Dein Drucker ist bei der Treibersammlung nicht dabei.
2. Ist ein Treiber für Deinen Drucker dabei, dann ist er kaputt.
3. Ist er vorhanden und nicht kaputt, dann arbeitet er nicht mit dem Interface zusammen.
4. Ist er vorhanden, nicht kaputt und arbeitet er mit dem Interface zusammen, dann beherrscht er ausschließlich den altgriechischen Zeichensatz und druckt nur im tibetanischen Dreiecksformat von links unten nach rechts oben.

Das allgemeine PostScript-Postulat (auch als »DDL-Direktive« oder »PCL-Anweisung« bekannt):

1. Die benötigte Schrift fehlt.
2. Ist die Schrift vorhanden, fehlt der gewünschte Schriftschnitt.
3. Ist beides vorhanden, druckt der Drucker sie in der falschen Größe an die verkehrte Stelle.
4. In allen anderen Fällen steigt er mit einer Fehlermeldung aus und bricht den Druckvorgang ab.

Das spezifische PostScript-Postulat (auch als »Postulat vom kleinsten gemeinsamen Vielfachen« bekannt):

1. Was der PostScriptstandard ist, definieren Drucker und Programm völlig unterschiedlich.
2. Die einzige Schrift, auf die sich beide verständigen können, wird Courier 10 pt sein.

Ausnahme des spezifischen PostScript-Postulats:

Satz 2 gilt nur, wenn Du diese Schrift nicht brauchen kannst. Willst Du Courier 10 pt einsetzen, werden Drucker und Programm sich auf die Konvertierung sämtlicher ASCII-Zeichen in die »Symbol«-Schrift einigen.

Behmes WYSIWYG-Definition:

Die französische Übersetzung von WYSIWYG ist »Honni soit qui mal y pense« oder kurz HSQMYP.

Rückübersetzung von Behmes WYSIWYG-Definition:

Die englische Übersetzung von WYSIWYG ist »What You see is what you might get«.

Die WYSIWYG-Verschärfung:

Sobald bei Dir irgendwelche Hoffnungen auftauchen, Du würdest Dich mit der Arbeit einem Ende nähern, lautet die englische Übersetzung von

WYSIWYG »What You see is what you never get« oder kurz WYSIWYNG.

Charles' Grundregel:

Ein Drucker wird nie sowenig Daten bekommen, als daß er nicht mindestens ein Blatt Papier mit Schrottzeichen versauen könnte.

Charles' erweiterte Regel:

Egal wieviel Schrott ein Drucker druckt – er wird dabei mindestens eine Zeile über das letzte komplett vollgeschriebene Blatt hinausdrucken.

Charles' Einzugserkenntnis:

1. Kein Traktor kann Einzelblätter, kein Einzelblatteinzug Endlospapier vernünftig einziehen.
2. Darüber hinaus ist ein Traktor ausschließlich dazu da, Endlospapier schief einzuziehen.
3. Ein Einzelblatteinzug hingegen ist ausschließlich dazu da, Einzelblätter schief einzuziehen.

Murphys Widerspruch zu Charles' Einzugserkenntnis:

Der Drucker zieht in dem Moment sauber und exakt ein, wo es nicht erforderlich ist.

Regel über grafikfähige Drucker:

Ein Kasten, der auf dem Bildschirm folgendermaßen aussieht:

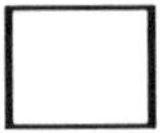

wird auf einem nichtgrafikfähigen Drucker so aussehen:

ZDDD?

3 3

@DDDY

während ein grafikfähiger Drucker ihn so druckt:

Der ASCII/Centronics-Grundsatz von den Druckerstandards:

Das einzige, was zwischen verschiedenen Druckern standardisiert ist, ist das Netzkabel.

Ableitung für den anglo/britischen Sonderweg:

Selbstverständlich gilt dieser Standard nicht für englische Netzstecker und amerikanische Stromstärken.

1.4 Massenspeicher

Massenspeicher zerfallen in Disketten-, Band-, Festplatten- oder Winchesterlaufwerke sowie in dem Moment, wo auf ihnen wichtige Daten gespeichert sind.

Der Unterschied zwischen den verschiedenen Laufwerksarten liegt in der Zugriffszeit, worunter in der Computerwelt die Zeitdauer verstanden wird, die ein Laufwerk braucht, um

a) die gesuchte Datei nicht zu finden und

b) während dieser Suche alle anderen wichtigen Dateien so zu zerstückeln, daß es weniger Arbeit bedarf, sie neu einzugeben, als sie zu reparieren.

Bei einem Winchesterlaufwerk (also dem Gerät, das dazu da ist, Dateien zu zerschießen) sind Intelligenz, Perfidie und Heimtücke auf einem sogenannten Festplattencontroller untergebracht. Dieser sorgt unter anderem dafür, daß Dateien prinzipiell fünf Minuten vor dem täglichen Backup ruiniert werden oder daß garantiert unwichtige Dateien (zum Beispiel die README-Datei eines längst gelöschten Programms) von diesem Zerstörungsvorgang auf jeden Fall verschont bleiben.

Band- und Diskettencontroller erfüllen ihre murphyologischen Aufgaben dadurch, indem sie sicherstellen, daß ausschließlich diejenigen Bänder reißen beziehungsweise diejenigen Disketten nicht mehr lesbar sind, auf denen die einzige aktuelle Datenversion gespeichert ist.

Die Backup-Prämissen:

1. Ein Backup braucht immer eine Diskette mehr, als Du vorrätig hast.
2. Ein Backup-Programm wird in dem Moment versagen, wo Du es benötigst.

Erste Ableitung:

Das Backup-Programm wird bei ihrem Versagen mit der zerstörten Dateiversion die einzig noch vorhandene Sicherheitskopie überschreiben.

Zweite Ableitung:

Wenn Du das Backup zurückspielen willst, wirst Du feststellen, daß die einzige Version von RESTORE auf der Platte (und nur dort) war, bevor Du sie formatiert hast.

Die Disketten-Regel:

Wenn eine Diskette im Laufwerk klemmt, wende Gewalt an. Wenn das Laufwerk dabei kaputt geht, hätte es sowieso erneuert werden müssen.

Der Lesefehler-Lehrsatz:

Ein Lesefehler tritt nur bei der Datei auf, die Du noch unbedingt brauchst und von der Du keine Kopie hast.

Gesetz von der Geheimhaltung von Dateien:

Wenn eine Information vertraulich ist, bleibt sie aus Versehen als Datei auf der Diskette. Ein eventuell vorhandener Verschlüsselungsmechanismus wurde vergessen.

Erweiterung des Dateigeheimhaltungsgesetzes:

Sie wird zufällig von demjenigen gefunden und gelesen, vor dem sie verborgen wurde.

Seagates Formatier-Axiom:

Du wirst eine Diskette, die sich bereits im Laufwerk befindet auf jeden Fall mit der falschen Aufzeichnungsdichte formatieren.

Präzisierungen:

1. Eine HD-Diskette wirst Du mit 360 Kbyte formatieren.
2. Eine DD-Diskette wirst Du mit 1,2 Mbyte formatieren.

Folgerung:

Daß Du eine 360-Kbyte-Diskette mit 1,2 Mbyte formatiert hast, wirst Du erst dann bemerken, wenn Du auf diese Diskette die einzige Version einer lebenswichtigen Datei gespeichert hast und sie daraufhin sämtliche Daten verloren hat.

Götz' erste Erkenntnis der allgegenwärtigen Unsicherheit:

Erst wenn Du – beispielsweise beim Formatieren – [J] auf die Frage des Programms: »Sind Sie sicher?« geantwortet hast, fällt Dir ein, daß Du Dir ganz und gar nicht sicher bist.

Götz' verschärfte Erkenntnis der allgegenwärtigen Unsicherheit:

Wenn Du danach die Diskette kontrollierst, bist Du Dir sicher: Du hast soeben Deine wichtigste Datei gelöscht.

Grundregel von der Unentrinnbarkeit klebriger Flüssigkeit (Auch der »Cola-und-Süßer-Kaffee-Lehrsatz« genannt):

Du wirst eine Kaffeetasse oder ein Colaglas auf Deinem Schreibtisch nur dann umwerfen, wenn noch Flüssigkeit drin ist.

Folgerungen:

1. Die auslaufende Flüssigkeit bahnt sich mit gnadenloser Präzision den Weg zu der wichtigsten Diskette auf dem Schreibtisch.
2. Ihr Weg dorthin führt über die einzigen Ausdrucke und schriftlichen Entwürfe, von denen weder eine Kopie noch eine Datei existiert.
3. Die Flecken werden auf diesen Aufzeichnungen die wichtigsten Stellen für immer unlesbar machen.
4. An der Zieldiskette angekommen wird die Flüssigkeit in die Schreib-Lese-Öffnung fließen.
5. Stehen mehrere Disketten zur Auswahl, wird die Flüssigkeit in die Diskette fließen, auf der mehr Dateien sind, deren Inhalt nicht wiederbeschaffbar ist.
6. Die Diskette ist anschließend nicht mehr zu lesen.
7. Sind auf der Diskette trotzdem noch einzelne Dateien zu lesen, dann die unwichtigen (zum Beispiel die Textdatei mit dem Einkaufszettel von letzter Woche).

8. Ein Restaurationsprogramm wird alle Sektoren der Diskette wieder lesbar machen. Mit Ausnahme des alles entscheidenden.

Der CHKDSK-Grundsatz (Oder »Lehrsatz von der Vergeblichkeit menschlichen Strebens«):

a) Wenn Du einen CHKDSK über Deine Festplatte machst, wird das Programm keinen einzigen unzusammenhängenden Block finden.

b) Verzichtest Du auf den CHKDSK, dann hast Du Tausende davon.

Die »Speeddisk«-Erweiterung des CHKDSK-Grundsatz (Bekannt unter dem Namen »Nortons Dilemma«):

Du wirst die unzusammenhängenden Blöcke erst dann bemerken, wenn Du Speeddisk oder ein anderes Tool startest, daß diese Blöcke nicht alleine beseitigen kann, aber die Gelegenheit beim Schopf packt und Deine Platte ruiniert.

Das 3,5-Zoll-Müll-Axiom

Die Plastiktütchen, in denen 3,5-Zoll-Disketten verpackt sind, dienen einzig dazu, den Müllberg zu vergrößern.

Die Diskettenboxen-Gesetze

1. Du bekommst eine Diskette leichter in die Schachtel hinein als wieder hinaus.

2. Die Plastiktrenner in der Diskettenschachtel dienen dazu, Dir den Blick auf die gesuchte Diskette zu versperren.
3. Ansonsten klappen Sie die gesuchte Diskette nach vorne.
4. Eine Diskette ist nie in dem Fach, in dem Du sie suchst.
5. Du wirst den Schlüssel nie vermissen. Nur dann, wenn Du die Box einmal versehentlich abschließt.
6. Diskettenboxen lassen sich nicht stapeln.
7. Sie werden Dir so lange das Gegenteil beweisen, bis Du eine von ihnen berührst. Dann werden alle zugleich umfallen und ihren Inhalt auf dem Fußboden verstreuen.

Satz von der gesundheitsfördernden Wirkung von Diskettenboxen

Wenn Du eine Diskettenbox abschließt, um sie zu transportieren, wird das Schloß aufspringen. Dabei werden sämtliche Disketten herausfallen und sich im größtmöglichen Abstand voneinander im Zimmer verteilen.

Die Schreibschutz-Etiketten-Sentenzen

1. Schreibschutzetiketten kleben nicht richtig.

2. Schreibschutzetiketten wandern an die unzugänglichste Stelle des Diskettenlaufwerks.
3. Schreibschutzetiketten gehen nicht wieder ab.
4. Schreibschutzetiketten fehlen dann, wenn Du aus Versehen eine wichtige Diskette formatierst oder Dir einen Virus eingefangen hast.
5. Schreibschutzetiketten kleben dann auf der Datendiskette, wenn Du speichern willst und das Anwenderprogramm diesen Fehler nicht abfangen kann.

Erweiterung der fünften Schreibschutz-Etiketten-Sentenz:

In diesem Fall wird das Programm unter Datenverlust abstürzen.

Manfreds Amiga-Axiom

1. Egal, was für eine Diskette im Laufwerk ist – es ist nie die Systemdiskette.
2. Es ist nur dann eine Systemdiskette, wenn sich auf Deiner bootfähigen Festplatte eine neuere Betriebssystemversion als auf der Diskette befindet.

Der de-Lates-Seufzer:

Auf einer leeren Diskette kannst Du lange und vergeblich suchen.

Murphys Erweiterung des de-Lates-Seufzers:

Du kannst auch auf einer vollen Diskette lange und vergeblich suchen.

Evis Folgerung aus Murphys Erweiterung des de-Lates-Seufzers:

Du kannst auf jeder Diskette lange und vergeblich suchen.

2.0 Software

Software ist der geglückte Versuch, die Fehler der Computerhardware zu optimieren und durch Weiterentwicklung neue Fehler hinzuzufügen.

Software setzt sich zusammen aus Betriebssystemen sowie Textverarbeitungs-, Dateiverwaltungs-, Grafik-, Tabellenkalkulations- und Telekommunikationsprogrammen, die wiederum allesamt nichts anderes sind als verschiedene Erscheinungsformen von in kompilierte Programmzeilen gegossener Hinterhältigkeit.

Die einzige Aufgabe, die Computersoftware aus der Sicht des Anwenders erfüllt – neben der Fähigkeit, die Konten der Hersteller zu füllen – ist, reibungslos, aufgabengemäß und mit hohem Datendurchsatz so zu versagen, daß in kürzestmöglicher Zeit der größtmögliche Schaden angerichtet wird.

Was wiederum für Softwarehersteller bedeutet, daß der finanzielle und personelle Aufwand für Programmentwicklung und -marketing im negativen Verhältnis zu den benötigten Supportausgaben steht. Die einzige Software, die keinen Support benötigt, ist folglicherweise diejenige, für die schon vor Markteinführung eine zu große und zu teure Supportabteilung eingerichtet wurde.

Aus Anwendersicht stellt sich allerdings

Die Morschhauser-Frage:

Support? Was ist das?

Eine Frage übrigens, die bis heute noch von niemandem beantwortet werden konnte.

Grundsatz zum Verständnis der Softwareindustrie:

Alle großen Softwareentwicklungen wurden aufgrund gravierender Programmfehler verwirklicht.

Erste Folgerung aus dem Softwaregrundsatz:

Jedes Programm hat Fehler.

Zweite Folgerung aus dem Softwaregrundsatz:

Jedes Programm hat immer einen Fehler mehr.

Dritte Folgerung aus dem Softwaregrundsatz:

Die Beseitigung eines Fehlers ruft mindestens zwei neue hervor.

Persönliche Ableitung aus dem Softwaregrundsatz:

Wenn die Fehler sich bemerkbar machen, dann bei Dir.

Erster logischer Umkehrschluß aus der Existenz von Utilities:

Die Tatsache, daß es sehr viele kleine, nützliche Programme gibt, beweist, daß es auch sehr viele große, unnütze Programme gibt.

Zweiter logischer Umkehrschluß aus der Existenz von Utilities:

Die Tatsache, daß es sehr viele große, unnütze Programme gibt, beweist, daß es noch mehr kleine unnütze Programme gibt, da es ja mehr kleine als große Programme gibt.

Boris' Folgerung:

Die Effektivität eines Programms ist umgekehrt proportional zum Verkaufspreis.

Die Expertenerkenntnis:

Expertensysteme erkennt man daran, daß sie auf die Wisseneingabe »eine Rose riecht besser als ein Kohlkopf« den Schluß ziehen, Rosen werden auch eine bessere Suppe ergeben.

Hans Matthöfers Widerspruch zur Expertenerkenntnis:

Künstliche Intelligenz ist besser als natürliche Dummheit.

Gertis Widerlegung des Matthöfer-Widerspruchs:

Jedes Programm, von dem seine Programmierer behaupten, es würde die Eigenschaften künstlicher Intelligenz besitzen, hat in seinem Datenbestand so viel natürliche Dummheit angereichert, daß es beliebig viele, intelligent klingende und zutiefst falsche Anworten geben kann.

Heinis Erkenntnisse über Computerspielprogramme:

1. Es fehlt Dir immer ein Punkt zum neuen Highscore.
2. Hast Du ein Spiel so lange gespielt, bis Dich niemand schlagen kann, wird ein Freund es zum ersten Mal spielen und problemlos Platz eins der Highscoreliste erreichen.
3. Bist Du der Beste, wird sich niemand dafür interessieren.

Manfreds Erkenntnisse der Computerspiele:

1. Das Computerspiel, das Du Dir kaufst, ist nicht den Preis wert, den es gekostet hat.

2. Kein Computerspiel ist so gut, wie das Bild auf der Verpackung.
3. Eine gute Kritik in einer Spielezeitschrift besagt nur, daß das Spiel dem Redakteur gefallen hat. Du wirst immer einen anderen Geschmack haben als er.
4. Das merkst Du aber erst nach dem Kauf.
5. Dein größter Rivale wird immer ein besseres Spiel haben als Du.

Postulat der Multifunktionalität:

Je weniger Funktionen ein Programm hat, um so perfekter wird es sie ausführen.

Folgerungen aus dem Postulat der Multifunktionalität:

1. Je perfekter ein Programm Funktionen ausführt, um so gründlicher wird es versagen.
2. Jedes andere Programm wird genauso gründlich versagen.

Ableitung für integrierte Pakete:

1. Je mehr Funktionen auf der Rückseite der Verpackung angepriesen werden, um so weniger wird das Programm beherrschen.
2. Wenn draufsteht »für alle Anwendungen« ist es für niemanden brauchbar.

3. Alle Funktionen, wegen denen Du das Programmpaket gekauft hast, müssen als Spezialmodule extra bezahlt werden.

Doppeltes Gesetz von der Erfolgs-/Entwicklungs-Relation:

1. Je mehr Entwicklungsarbeit in ein Programm gesteckt wird, um so weniger Leute werden es kaufen.
2. Je weniger Entwicklungsarbeit in ein Programm gesteckt wird, um so mehr Leute werden es kaufen und die darin entdeckten Fehler finden.

Erste Folgerung aus der Erfolgs-/Entwicklungs-Relation:

Je mehr Fehler in einem Programm stecken, um so schlechter ist der Support.

Zweite Folgerung aus der Erfolgs-/Entwicklungs-Relation:

Nur das Programm, das niemand braucht, läuft fehlerfrei.

Allgemeiner Löschgrundsatz:

Beim Löschen von überflüssigen BAK- und SIK- oder sonstiger von Programmen angelegten Sicherheits-Dateien verschwindet unter Garantie eine, die man zehn Minuten später dringend braucht.

Erweiterung:

Dieser Satz gilt nicht nur für Sicherheitskopien, sondern für alle Dateien.

Das Originalprogramm-Dilemma:

Wenn Du ganz dringend ein Programm brauchst, ist es ausgeliehen und der Entleiher telefonisch nicht erreichbar.

Die Raubkopie-Erweiterung:

Ist der Entleiher telefonisch erreichbar, war das Programm eine Raubkopie, die er aus Versehen von seiner Festplatte gelöscht hat.

Die Problem-Prämissen:

1. Wenn man dringend die Software-Hotline braucht, ist Dein Telefon kaputt oder die Nummer besetzt.
2. Wenn Du das Freizeichen bekommst, ist Wochenende und folglich keiner zu erreichen.
3. Kommt das Freizeichen und es ist ein Werktag, dann ist an diesem Tag die Hotline nicht besetzt.
4. In jedem anderen Fall ist der einzige Mensch, der Dir bei Deiner Frage weiterhelfen kann, krank oder im Urlaub.

Allgemeines Dringlichkeitsaxiom:

Alle Dinge werden unter Druck schlimmer.

Mathematische Definition des allgemeinen Dringlichkeitsaxioms:

$D = (P^Z/K) * (C + A + N)$

Wie man sehen kann, kann die Dringlichkeit D jederzeit beliebig groß werden. P ist die Anzahl der Probleme, Z der Kehrwert der verbliebenen Zeit und K die Kompetenz des mit der Lösung des Softwareproblems Betrauten (es gilt $0 < K < 1$). Die Anzahl der Probleme P ist eine Unbekannte, für die generell gilt $P > 0$. Sollte P bekannt sein, so gilt $P = P + 1$.

Der Wert PZ/K ist mit der Summe C + N + A malzunehmen, wobei C die Anzahl der betroffenen Computer, A die Zahl der verschiedenen Anwenderprogramme in der Firma und N die Zahl der Computer ist, die in mindestens einhundert Meter Umkreis um den mit der Lösung des Softwareproblems Betrauten herum in einem Netzwerk zusammengeschlossen sind.

Gertis Erweiterung des allgemeinen Dringlichkeitsaxioms:

Alle Dinge werden auch ohne Druck schlimmer.

Die Großrechner-Gleichung:

Laufen zwei Prozesse gleichzeitig, wird der unwichtige dem wichtigen Rechenzeit wegnehmen.

Die grundlegende Viren-Erkenntnis:

Computerviren verbreiten sich prinzipiell über »garantiert unverseuchte« Programm- und Betriebssystem-Disketten.

Die allgemeine Viren-Erkenntnis:

Du bekommst einen Computervirus genau dann, wenn Du denkst, Du hättest keinen.

Die terminierte Viren-Erkenntnis:

Du bekommst einen Computervirus genau dann, wenn Du ihn am wenigsten brauchen kannst.

Die partnerschaftliche Viren-Erkenntnis:

Garantiert ungefährliche und leicht zu entfernende Viren bekommen immer nur die Anderen.

Die geografische Viren-Erkenntnis:

Du bekommst immer diejenige Sorte von Computerviren,

- von denen die Experten sagen, daß sie in unserem Land noch nicht aufgetreten sind
- für die es noch keine Virensuchprogramme gibt
- die eine neue Qualität in Heimtücke und Destruktivität aufweisen.

Egal,
auf welcher Seite du gerade stehst –
diese Seite wird verlieren.

Die quantifizierte Viren-Erkenntnis:

Du hast immer einen Virus mehr, als Du glaubst.

Die qualifizierte Viren-Erkenntnis:

Der Virus, der Deinen Computer befällt, verseucht nur die Dateien, von denen Du kein Backup hast.

Die erweiterte qualifizierte Viren-Erkenntnis:

Wenn Du von allen Dateien ein Backup hast, hat der Virus auch diese bereits verseucht.

Die vernetzte quantifizierte Viren-Erkenntnis:

Der Virus hat immer einen Arbeitsplatzrechner mehr befallen, als Du glaubst.

Die rekursive Viren-Erkenntnis:

Ein eingesetztes Virensuchprogramm wird ausschließlich diejenigen Viren erkennen und bekämpfen, die Du nicht hast. Den Virus, der Deinen Computer befallen hat, wird es ungeschoren lassen.

Erweiterungen zur rekursiven Viren-Erkenntnis:

1. Dies wirst Du erst feststellen, wenn Du das Virensuchprogramm gekauft hast.
2. Du wirst der einzige sein, dessen frisch erworbenes Virensuchprogramm mit Viren verseucht ist.
3. Dies wirst Du erst feststellen, wenn Du es gestartet hast.

Die ergänzte rekursive Viren-Erkenntnis:

Ein Virensuchprogramm, auf Deinem Computer eingesetzt, wird bei seinem Suchlauf alle Text- und Programmdateien irreparabel zerstören und lediglich den Virus übrig lassen.

Folgerung aus der ergänzten rekursiven Viren-Erkenntnis:

Das einzige, was am Ende auf Deinem Computer noch lauffähig ist, wird der Virus sein.

2.1 Textverarbeitung

Textverarbeitungsprogramme sind der geglückte Versuch, nichtsahnenden Menschen 1500 Mark für das Versprechen abzuknöpfen, er könne mit rund 300 leicht zu merkenden Befehlen Schreibmaschine und Tippex ersetzen und hätte trotz des Programms noch die Zeit, sich auf das zu konzentrieren, was er eigentlich schreiben will.

Neben der eigentlichen Arbeit des Schreibens kann der Anwender mit einer Textverarbeitung noch eine Menge nützlicher Dinge tun. Das ist zuallererst und im wesentlichen die Erlernung der Bedienung des Textverarbeitungsprogramms selber. Hat er daneben noch ein wenig Zeit, kann er gegen die Hilfe des Textverarbeitungsprogramms zusätzliche Arbeiten erledigen lassen.

Zum Beispiel die *Arbeit mit Textbausteinen* (Eine Art Floskelgenerator zum Einfügen unnötiger Textpassagen an Stellen, an die sie nicht passen), die *Verwaltung von Kopf- und Fußnoten* (die automatisch dorthin plaziert werden, wo sie den Autor stören und der Leser sie nicht findet) oder die *Serienbrieffunktion* (mit der man veraltete Adressen in einen überflüssigen Brief automatisch so einfügen kann, daß die Hälfte der Adressen falsch ausgedruckt wird und so die Rücklaufquote durch die Post mit dem Vermerk »unbekannt« über neunzig Prozent liegt. Die anderen zehn Prozent werden von den Empfängern weggeschmissen.)

Theas Absturz/Speicher-Relation:

Ein Computer stürzt nur ab, wenn der Text lange nicht gespeichert wurde.

Unverrückbare Gesetze der Textverarbeitung (auch »WordStar-Axiome« genannt):

1. Wenn du ein Wort löschen willst, verschwindet garantiert die ganze Zeile.
2. Wenn Du eine Zeile löschen willst, verschwindet ein ganzer Absatz.
3. Wenn Du einen Absatz löschen willst, verschwindet der ganze Text.
5. Wenn Du den ganzen Text löschen willst, passiert gar nichts.

Du bekommst einen Computer-Virus
genau dann, wenn du denkst,
du hättest keinen.

Schlußfolgerung aus den WordStar-Axiomen:

Keiner dieser Vorgänge ist rückholbar.

Frankes Gesetz vom Word-Wechselbad (auch unter dem Namen »Microsofts AErger-Gesetz« bekannt):

Wenn Du mit der Funktion »Suchen-Ersetzen« arbeitest, wirst Du dann vergessen, die Groß-/Kleinschreibung einzuschalten, wenn der zu suchende Text aus einem und der zu ersetzende aus zwei Buchstaben besteht. Ein »Ärger« wird folglich immer in ein »AErger«, nie in ein »Aerger« konvertiert.

Michaels Einsicht in das Wesen der Tastaturbelegung:

Wenn Du dich an die Tastaturbelegung eines Programms gewöhnt hast, erscheint ein neue Version, in der alles komplett umgestellt ist.

Das Gesetz der hohen Zahl (Auch als »Word-WordStar-Rivalitätsgesetz« oder »Fünf-Null-Syndrom« bezeichnet):

1. Wenn eine neue Version einer Textverarbeitung auf dem Markt erscheint, wird sie die höchste Versionsnummer aller existierenden Programme aufweisen.

2. Zwei Wochen später werden auch alle anderen Programme diese Versionsnummer tragen.

Liesls Erkenntnis:

Diese Versionsnummern sagen nichts über die Zahl der möglichen Verbesserungen gegenüber den alten Versionen aus.

Marcels Verschärfungen von Liesls Erkenntnis:

1. Je teurer der Update auf die neue Version, um so geringer der Nutzen.
2. Je höher die Versionsnummer, um so größer der Speicherverbrauch.
3. Das Feature, auf das Du seit Jahren wartest, wird auch in der neuen Version nicht implementiert sein.

Axiom vom hinterhältigen Druckfehler:

Du findest den entscheidenden Fehler in Deinem Text erst, wenn Du den Text ausgedruckt und die Datei auf der Diskette gelöscht hast.

Die unveränderlichen Regeln beim Textformatieren in Desktop-Publishing-Programmen:

1. Wenn Du einen Text positionieren willst, paßt die letzte Zeile nicht mehr auf die Seite.
2. Formatierst Du den Text um die kleinstmögliche Einheit kleiner, ist der Text zu kurz.

Die Klick-and-Move-DTP-Gesetze (auch als »Ja-mach-nur-einen-Plan«-Dilemma bekannt):

a) Klickst Du auf einer layouteten Seite auf einen Kasten, um ihn zu verschieben, wirst Du den ihn umgebenden Text bewegen.

b) Klickst Du auf den Text, um ihn zu verschieben, wirst du lediglich den Kasten bewegen.

c) Willst Du beides verschieben, bewegen sich die Spaltenhilfslinien.

d) Keiner dieser Vorgänge ist rückholbar, die »Rücknahme«-Funktion wird nicht funktionieren.

e) Ist einer der Vorgänge rückholbar, so wird sich irgendetwas um einen Punkt verschieben und das gesamte Layout ruinieren.

2.2 Dateiverwaltung

Dateiverwaltungsprogramme und Datenbanken sind der geglückte Versuch, nichtsahnenden Menschen 1500 Mark für das Versprechen abzuknöpfen, er könne mit rund 300 leicht zu merkenden Befehlen seinen Zettelkasten ersetzen und hätte trotz des Programms noch die Zeit, sich an das zu erinnern, was er ursprünglich mit einem Dateiverwaltungsprogramm wollte.

Dateiverwaltungsprogramme und Datenbanken sind, wie der Name sagt, in erster Linie Verwaltungsprogramme, mit denen man Dinge auf die lange Bank schieben kann. Wie bei Bürokratien üblich, steht das, was man vorne hineinsteckt (also die Datensätze), das was hinten herauskommt (also die sortierten Datensätze, Listen oder ähnliches) und die Zeit dazwischen in keinem Verhältnis.

Obwohl in allgemeiner Form prinzipiell für alle Programmarten zutreffend, gilt für Dateiverwaltungsprogramme ganz besonders das

Gesetz des Dauerverhältnisses:

Egal, wie die Verhältnisse in Deiner Datenbank aussehen oder sich verändern – alles dauert immer länger, als nach deiner pessimistischsten Prognose.

Keine Programmart entwickelt schließlich soviel Ausflüchte (Programmiererslang: »Fehlermeldungen«), um das, was man eingegeben hat, nicht wieder herausrücken zu müssen, wie Datenbanken und Dateiverwaltungsprogramme.

Das Zorro-Gesetz:

1. Egal wie groß Du eine Maske anlegst. Sie hat immer zuwenig Felder.
2. Wenn dennoch genug Felder definiert sind, sind diese zu kurz.

Andis Erkenntnis von der diebischen Dateiverwaltung:

Wenn Du Dich darüber ärgerst, daß Du in Deinem Datenverwaltungsprogramm die Feldlängen nicht verlängern kannst: sei beruhigt. Dein Programm wird auf jeden Fall in der Lage sein, die Feldlängen willkürlich zu verkürzen und dabei die nun überflüssig gewordenen Daten wegwerfen.

Bobs Datensatzregeln:

a) Ein Dateiverwaltungsprogramm zerstört nur den Datensatz, den Du dringend benötigst.

b) Wenn kein Backup existiert, werden alle Datensätze zerstört.

c) Existiert ein Backup, ist der Datensatz auch dort verschwunden.

Gesetz von der Minimierung der Informationsmenge:

1. Wenn Du eine Datenbank mit n Datensätzen anlegen willst, kann das einzige verfügbare Dateiverwaltungsprogramm bestenfalls n–1 Datensätze verwalten.
2. Das wird Dir von dem Programm allerdings erst dann mitgeteilt, wenn Du n–2 Datensätze bereits eingegeben hast.

Ashton Tates Gesetz vom Zeitverhalten in Datenbanken:

Egal, wie Deine Datenbankstruktur aussieht: Das von Dir benutzte Datenbankprogramm wird beim Sortieren oder Suchen das schlechteste Zeitverhalten an den Tag legen. Liegen beispielsweise Deine Datensätze völlig unsortiert vor, sucht Dein Programm lediglich vorsortierte Datensätze in einer annehmbaren Zeit heraus.

Das Adreß-Axiom:

Egal, wie viele Adressen Du in einer Datenbank gespeichert hast: Diejenige, die Du suchst, ist noch nicht eingegeben, sondern steht auf einem Schmierzettel.

Tonis Erweiterungen des Adreß-Axioms:

1. Den Zettel, auf dem die einzugebende Adresse steht, wirst Du nicht mehr finden.
2. Der erste Kollege, den Du nach der Adresse fragst, wird sie Dir hohnlachend auswendig sagen.
3. Sekunden später wirst Du den Zettel mit der Adresse finden.
4. Ist eine Adresse dennoch in der Datenbank gespeichert, hat sie sich inzwischen geändert oder die Telefonnummer stimmt nicht mehr.

2.3 Grafikprogramme

Grafikprogramme sind der geglückte Versuch, nichtsahnenden Menschen 1500 Mark für das Versprechen abzuknöpfen, er könne mit rund 300 leicht zu merkenden Befehlen Bleistift, Lineal und Radiergummi ersetzen und hätte trotz des Programms noch die Zeit, sich auf das zu konzentrieren, was er ursprünglich eigentlich zeichnen wollte.

In die Kategorie der Grafikprogramme fallen für professionelle Arbeiten unbrauchbare Malprogramme, für künstlerische Arbeiten unbrauchbare Zeichenprogramme sowie für jeden klar denkenden Menschen unbrauchbare CAD-Programme.

Malprogramme geben Farben auf dem Bildschirm richtig, auf dem Farbdrucker falsch und auf dem Schwarzweiß-Drucker gar nicht wieder. Zeichen- und CAD-Programme hingegen geben einfarbige Linien auf dem Bildschirm richtig und auf Farb- und Schwarzweiß-Druckern falsch wieder. Alle drei Programmarten geben jedoch auf jeden Fall das, was auf dem Bildschirm schwarz beziehungsweise weiß war, auf dem Ausgabegerät schwarz beziehungsweise schwarz wieder.

Die Rücknahme-Präzisierungen:

1. Die Undo-Funktion funktioniert nur, solange Du sie nicht brauchst.

2. Im besten Fall nimmt sie die Aktion zurück, die Du als vorletztes durchgeführt hast. Die Auswirkungen Deiner letzten Aktion bleiben in diesem Fall erhalten.

Gesetze vom phantasievollen Bildschirmadapter:

1. Ellipsen werden als treppenförmige Eier dargestellt und ausgedruckt.
2. Treppenförmige Eier bleiben treppenförmige Eier.
3. Eine Linie beginnt immer ein Pixel daneben.
4. Kreise sind keine Kreise.
5. Ein 10-Punkt-Raster mit 32 Grad Neigung wird spätestens auf dem Drucker zu einem schmierigen Etwas.
6. Auch jedes andere Raster wird spätestens auf dem Drucker zu einem schmierigen Etwas.
7. Auch jedes Füllmuster wird spätestens auf dem Drucker zu einem schmierigen Etwas.
8. Eine als schmieriges Etwas angelegte Fläche wird spätestens auf dem Drucker ein geometrisch exaktes, sofort als Computergrafik erkenntliches, unbrauchbares Etwas.

Ausnahmen:

1. Sollen zwei Linien ein Pixel Abstand voneinander haben, dann werden sie sich überlappen.
2. Kreise sind dann (und nur dann) Kreise, wenn Du sie als Ellipsen zeichnest. Dann wird sie der Drucker korrekt als Ellipsen ausgeben.
3. Eine Verwischfunktion erzeugt immer gleichmäßige, exakt parallele Linien.

Digitale Einsamkeitsregel:

Dein Grafikprogramm ist das einzige auf dem Markt, das

- die mit Deinem Scanner eingelesenen Bilder nicht verarbeiten kann
- Deine Textverarbeitung nicht versteht
- mit Deinem Desktop-Publishing-Programm nicht zusammenarbeitet.

Konsequente Fortführung der digitalen Einsamkeitsregel:

Dies bemerkst Du erst, wenn die Rechnung für das Programm bezahlt ist.

Axiom von der kompletten Füllung:

1. Egal wie die Form aussieht, die Du mit einem Raster oder einem Muster füllen willst: Das Programm findet immer Mittel und Wege, den kompletten Bildschirm einzuschwärzen.

2. Dieser Vorgang ist nicht rückholbar.
3. Hast Du alle Linien und Übergänge doppelt und dreifach darauf untersucht, daß ein Füllmuster nicht aus der zu füllenden Form entwischen kann, wirst Du mit dem Füllwerkzeug daneben klicken.

Friedemanns Text-Theoreme:

1. Dein Grafikprogramm verfügt nur über scheußliche Schriften.
2. Ein PostScript-Druckertreiber ist nur zur Zierde da.
3. Daß Dein Malprogramm über einen PostScript-Treiber verfügt, heißt noch lange nicht, daß es auch EPS-Dateien lesen kann oder Schriften ohne Pixeltreppen ausdruckt.

Die Standarderkenntnis:

Jedes neue Grafikprogramm wird sein neues Bildformat als Standard ausgeben und kann auch nur dieses lesen und schreiben.

Logische Erweiterung der Standarderkenntnis:

Kaufst Du Dir ein neues Grafikprogramm, wird dieses alles können – nur nicht das Bildformat des alten lesen.

Die TIF-Steigerung der Standarderkenntnis:

Wenn Dein Grafikprogramm dennoch ein gängiges Bildformat lesen kann, dann nur in seiner ungebräuchlichsten Form. Kann es beispielsweise TIF-Dateien lesen, dann kann es nur das ungebräuchliche unkomprimierte TIF-Format lesen.

Das Konvertierungs-Schicksal:

Statt einem Grafikkonvertierungsprogramm kannst Du auch den Lösch-Befehl benützen. Das Ergebnis ist dasselbe, oder kommt zumindest auf dasselbe hinaus.

2.4 Tabellenkalkulationsprogramme

Tabellenkalkulationsprogramme sind der geglückte Versuch, nichtsahnenden Menschen 1500 Mark für das Versprechen abzuknöpfen, er könne mit rund 300 leicht zu merkenden Befehlen und Funktionen Taschenrechner und gesunden Menschenverstand ersetzen und hätte trotz des Programms noch die Zeit, sich auf das zu konzentrieren, was er ursprünglich ausrechnen wollte.

Grundlage eines jeden Tabellenkalkulationsprogramms ist das sogenannte Arbeitsblatt, bei dem der Benutzer in viel zu kleine Zeilen und Spalten und mit viel zu viel Aufwand viel zu viele Zahlen in

Formeln verschlüsseln muß, um hinterher festzustellen, was er ohnehin bereits wußte.

Normalerweise sind Tabellenkalkulationsprogramme zweidimensional in Zeilen und Spalten aufgeteilt. Modernere Versionen dieser (auch »Spreadsheet« genannten) Programme beherrschen inzwischen eine dreidimensionale Darstellung, wodurch Formelfehler eine noch größere Chance erhalten, sich unerkannt so lange zu verbergen, bis der Schaden am größten ist.

Scharfis Regel:

Ein Fehler in einer Formel entsteht nur dann, wenn die fehlerhaften Ergebnisse plausibel sind.

Verallgemeinernde Erweiterung zu Scharfis Regel:

Die falschen Kalkulationen werden zum spätmöglichsten Zeitpunkt bemerkt und den größtmöglichen Schaden anrichten.

Generalregel für Kalkulationen:

Ein Tabellenkalkulationsprogramm, das ein richtiges oder angenehmes Ergebnis hervorbringt, lügt.

Das Einheitenaxiom:

Wenn Du mit Einheiten rechnen mußt, wird das Programm nur eine Liste der unsinnigsten beinhalten. Geschwindigkeit wird beispielsweise ausschließlich in amerikanischen Seemeilen per 19 Tagen ausgegeben werden können.

Die Ergebnis-Prämisse:

Bevor eine Tabellenkalkulation auch nur näherungsweise brauchbare Ergebnisse liefern kann, wird das Programm seinen Zufallszahlengenerator einschalten.

Das Mark-Problem:

Geldwerte kannst Du in Dollar, Pfund und Fidschi-Muscheln ausgeben lassen. Niemals jedoch in DM.

Das Tabulator-Paradoxon:

1. Weder wird Dein Textverarbeitungsprogramm in der Lage sein, Daten vernünftig an Deine Tabellenkalkulation zu übergeben, noch umgekehrt.
2. Ein speicherresidentes Ausschneideprogramm wird spätestens an den Tabulatoren scheitern.

Das Tortenschlacht-Theorem:

1. Egal, was für Daten Du aufbereiten mußt, Dein Programm wird die einzige dafür sinnvolle grafische Darstellungsart nicht beherrschen.
2. Ist die entsprechende Darstellungsart verfügbar, hast Du die gesamte Tabelle dafür falsch aufgebaut.

Konkretisierung des Tortenschlacht-Theorems:

Du wirst 300 Einzelwerte nur als Balkengrafik und eine zeitliche Entwicklung ausschließlich als Tortendiagramm darstellen können.

Peters Gesetz über die Unmöglichkeit von Desktop-Präsentation:

Vergiß alles, was der Verkäufer Dir über VDI-Treiber und laserdruckfähige Overheadfolien erzählt hat.

Praxisnahe Begründung von Peters Gesetz:

1. Deine Tabellenkalkulation kann die Daten nicht so aufbereiten, daß es Dein Businessgrafikpaket versteht.
2. Dein Businessgrafikpaket und Dein Ausgabegerät werden sich nie verstehen.
3. Für die Tabellenkalkulation gibt es keinen Treiber für Deinen Drucker.
4. Ein Diabelichter ist die teuerste Möglichkeit, festzustellen, daß in der Grafik noch ein Fehler ist. Ansonsten dient er dazu, statt der Grafik die Steuerungsdatei in ASCII auf ein Dia auszugeben.
5. Wenn alles funktioniert, gibt es im Präsentationsraum keinen Strom.

6. Wenn Du Dich vorher versicherst, daß es im Präsentationsraum Strom gibt, fällt die Veranstaltung aus oder Du vergißt das alles entscheidende Kabel.
7. Klappt alles, interessiert sich niemand für das von Dir präsentierte Ergebnis.

2.5 Telekommunikation

Telekommunikationsprogramme sind der geglückte Versuch, nichtsahnenden Menschen 1000 Mark für das Versprechen abzuknöpfen, er könne mit rund 100 leicht zu merkenden Befehlen trotz Bundespost und hohen Telefonkosten irgendetwas Sinnvolles auf seinen Monitor bekommen, das er nicht auch auf irgend eine andere, schnellere und billigere Methode bekäme.

Gemeinhin werden zwei Hauptargumente für den Einsatz von Telekommunikationsprogrammen genannt:

- die Kommunikation mit mehreren Benutzern aus den verschiedensten Ländern per Tastatur (die sogenannte »Konferenz« oder der sogenannte »Chat«) sowie
- das Abrufen von Informationen aus Onlinedatenbanken

Der entscheidende Vorteil eines Chats gegenüber einem normalen Telefonanruf der ist, daß ersterer langsamer geht und mehr kostet (für den lebenswichtigen Austausch von Informationen wie »hya folks«, »C U l8er« und »:-)«muß man gemeinhin zwischen fünf und sieben verschiedene Postgebühren entrichten). Hingegen ist der entscheidende Unterschied zwischen einer Onlinedatenbank und einem gedruckten Informationsdienst, daß man zwar in beiden nie das findet, was man sucht, bei einer Onlinedatenbank kostet diese Erkenntnis jedoch viel Geld.

Glasers Erkenntnis:

Telekommunikation ist die umständlichste Art, miteinander zu telefonieren.

Die Online-Grundregel:

Bevor Du Deine Nachricht speichern konntest, stolpert immer jemand über das Telefonkabel.

Erste Ableitung der Online-Grundregel:

Bist du allein, dann ist die Online-Zeit zu Ende, bevor Du speichern konntest.

Zweite Ableitung der Online-Grundregel:

Deine Online-Zeit ist gerade so lang, daß Du einen langen Text bis zum vorletzten Zeichen schreiben kannst.

Axiom von den Abfragesprachen in Onlinedatenbanken:

Vergiß alles, was Du jemals über einheitliche Abfragesprachen gehört hast.

Konkretisierungen des Abfragesprachenaxioms:

1. Die einzigen Befehle, die eine Onlinedatenbank beherrscht sind die, auf die trotz stundenlangem Probieren nicht kommst.
2. Falsche oder falsch eingegebene Befehle führen auf jeden Fall zu einem Ergebnis: sie werden maximale Kosten verursachen.
3. Hilfefunktionen sind für Datenbankbetreiber überflüssiges Beiwerk.
4. Die Muster-Abfrage, die in der Werbebroschüre eines Datenbankbetreibers aufgeführt ist, ist die einzige, die auch funktioniert.
5. Sie funktioniert jedoch nur mit den angegebenen Suchbegriffen. Ist als Beispiel »SEARCH Auto AND Bundestag« angegeben, dann führt die Suche mit anderen Begriffen als »Auto« und »Bundestag« zu einer kostenpflichtigen Fehlermeldung.

Axiom vom Informationsgehalt von Onlinedatenbanken:

Die Informationsmenge I, die in einer Onlinedatenbank gespeichert ist, läßt sich durch folgende Formel darstellen:

$I = A - G$

wobei A die Gesamtheit aller Informationen ist, die zu einem Thema vorliegt und G die von Dir gesuchte Information.

Folgerung:

Du wirst in einer Onlinedatenbank alles finden, nur nicht das, was Du suchst.

Das Konferenzdilemma:

In einem Chat ist die Konferenz entweder voll oder es ist außer Dir keiner da.

Paßwortgesetz:

Die Anzahl der vergessenen Paßwörter steigt exponentiell mit der Zahl deiner Mailbox-Benutzerkennungen.

Taus' Seufzer:

1. Du wirst immer mehr Kennwörter vergessen, als Du besitzt.
2. Die Kennwörter, an die Du Dich noch erinnerst, hast Du letzte Woche geändert.

Axels Erweiterung:

Wenn Du Dich dennoch an ein noch gültiges Kennwort erinnerst, gilt es für ein anderes System.

Die Btx-Regel (Auch »Phänomen der Deutschen Bundespost« genannt):

Je unsinniger ein System, um so mehr Subventionen wird es erhalten.

Die Post-Grundsätze:

1. Soll ein Merkblatt über einen neuen Telefon- oder Datendienst der Post bei jedem Postamt erhältlich sein, dann ist es bei Deinem Postamt unbekannt, wenn Du danach fragst.
2. Ist es bekannt, dann ist es auch vergriffen.
3. Deine Telefonrechnung ist immer doppelt so hoch, wie in Deinen kühnsten Träumen befürchtet.
4. Es werden nur die Gebühren von Diensten gesenkt, die Du nicht benutzt – beispielsweise der Telegrammversand auf die Fidschi-Inseln oder der Mietpreis für meteorologische Satelliten in geostationären Umlaufbahnen.
5. Die Aufschrift »VORSICHT DATENTRÄGER« bringt die Post erst auf die Idee, den Brief mit Deinen Disketten unter ein magnetisches Lesegerät zu legen.

6. Die Aufschrift »NICHT KNICKEN« führt dazu, daß der Briefträger den Brief mit Deinen Disketten eng zusammengerollt in den Briefkasten steckt.

Gesetz der Rekursion

Jede wirklich wichtige Nachricht, die über ein Mailboxnetz verschickt wird, wird eine übereifrige Programmroutine fehlerhaft als Rekursion entlarven und abfangen.

Erweitertes Rekursionsgesetz:

Hast Du aber völlig übermüdet eine unsinnige, lächerliche und falsche Nachricht eingetippt, wird sie Stunden später im gesamten Netz zu lesen sein.

Das Netzwerkaxiom:

Erst wenn Du eine lange Nachricht online eingetippt und abgeschickt hast, merkt die Mailbox, daß Dein Netmailkonto leer ist.

Die Grundregel von der Übertragungsgeschwindigkeit:

1. Jede zu hohe Baudrate führt zu)%'»!/_¿&y\-.
2. Dein Terminalprogramm beherrscht immer nur die Baudrate, die entweder Dein Modem oder die angerufene Mailbox nicht verstehen.

Rüdigers endgültige Mailboxbenutzer-Klassifizierung

Aufgrund jahrelanger Felduntersuchungen lassen sich Mailboxbenutzer sämtlich in folgende – für einen Mailboxbetreiber äußerst lästige – Kategorien einteilen:

1. BLINDE:

   LESEN * NEU

2. AKTIVE:

   SENDEN :TEST

   :test

   :

   :quit

   :q

   :bye

   :^Z

   :

   :*%#@*$ ØÓ ...carrier lost – Programmneustart

3. PASSIVE:

   <persoenliches Fach> Befehl:_...Timeout stopping

4. ZIELSTREBIGE:

BRETT /Z-NETZ/AMIGA/BINAER
LESEN *
LOGOFF

5. UNENTSCHLOSSENE:
?
?
LOGOUT

6. WÄHLERISCHE:
ABBESTELLEN *
BRETT +

7. UNGLÄUBIGE:
LESEN 124
LESEN 124
LESEN 124

8. ANFÄNGER:
124
124
LOGOF
RAUS
TSCHUESS

WEGHIER

:*%#@*$ ØÓ ...carrier lost – Programmneustart

9. FORTGESCHRITTENE:

   LESEN /Z-NETZ

10. SPEZIALISTEN:

    SENDEN SYSOP :AUTOEXEC

11. VORSICHTIGE:

    SENDEN SYSOP :Ich hätte da 'ne Frage

12. FORSCHE:

    SENDEN SYSOP :SO EIN SCHEISS HIER

13. EINSAME:

    ZEIT

    Es ist 03:15:37, Sie sind seit 12 Minuten im System.

    DIALOG

    CO

    LOGOFF

14. GEDULDIGE:

    SUCHEN * T :WAS NEUES

Rüdigers endgültige Sysop-Klassifizierungen:

Betreiber von Mailboxen wiederum lassen sich aufgrund jahrelanger Feldforschungen prinzipiell einer oder mehrerer der elf folgenden – für Mailboxbenutzer äußerst lästigen – Kategorien zuordnen:

1. Asketen: »Ich will nicht noch ein Brett. Ich hab schon eins.«
2. Prasser: »Wie viele Mbytes werden über dieses Netzwerk täglich übertragen? Her damit, morgen bekomme ich ein 1200-Baud-Modem.«
3. Tüftler: »LED? Prima, ich richte gleich ein Brett zu diesem Thema ein.«
4. Pfadfinder: »Suche System zwecks Austausch von /Q-NETZ/IBM/PROGRAMME/ALLGEMEIN. Gerne auch Ferntarifzone II.«
5. Duplizierer: »Neu bei mir: C-NETZ – The greatest hits of A-NETZ and B-NETZ«
6. Schnell-Entschlossene: »Ein /Z-NETZ/HEILIG_ABEND? Toll, das muß her!«
7. Zweifler: »/Z-NETZ/UMWELT ? Bin ich dagegen, denn das hat vor 20 Jahren doch auch schon keinen interessiert.«
8. Fatalisten: »Wozu Bretter? Ich bin FIDO-Point.«
9. Optimisten: »Kommt Brett, kommt User.«

10. Wegbereiter: »Kommt User, muß Brett kommen.«
11. Berliner: »Komme, was will – is mir auch egal.«

3.0 Menschen

Unbestätigten Gerüchten zur Folge existiert außerhalb des Dreiecks Computerfreak–Computer–anderer Computerfreak eine andere, geheimnisvolle Welt voller Nicht-Computerfreaks.

Einfluß auf ein Computersystem hat diese Welt sowohl unmittelbar – durch Stromversorgungen, Disketten oder anderen Gegenständen im näheren Einflußbereich – als auch mittelbar über den Computerfreak an sich. Dieser Einfluß äußert sich vor allem darin, Computerfehler wahlweise zu aktivieren, animieren, zu antizipieren, zu arrangieren, zu deduzieren, zu intensivieren, zu optimieren oder zu konzentrieren – aber auf jeden Fall den Computerbesitzer zu drangsalieren.

Der Ruf zum Essen wird getreu Murphys Grundregel so erfolgen, daß ein gerade in der Entwicklung begriffener genialer Algorithmus auf immer in Vergessenheit gerät und ein ins Zimmer stürzendes Kind (gleich welchen Alters) wird auf die alles entscheidende Diskette treten.

Doch auch die Brüder im Geiste – also andere Computerbesitzer – sind im Produzieren von Fehlern, Schäden und Mißständen mindestens genauso begabt, weswegen sie (obwohl eigentlich unpassend) ebenfalls in diesem Kapitel abgehandelt werden.

Gesetz von der strukturellen Unverträglichkeit von Computerhobby und Ehefrauen:

Nur bei einem längeren unabgespeicherten Quellcode benutzt eine Ehefrau das einzige Gerät im Umkreis von 10 Kilometern, das sofort die Hauptsicherung durchbrennen läßt.

Das Baby-auf-dem-Schoß-Axiom:

Ein Kind, das mit seinen Händen an die Tastatur gelangt, erwischt bei der ersten Berührung die einzige Tastenkombination, bei der etwas zu zerstören ist. Gibt es mehr als eine Möglichkeit, sucht es sich die Unheilvollere aus.

Eingeschränktes Baby-auf-dem-Schoß-Axiom:

Hindert man es daran, eine verhängnisvolle Tastenkombination zu erwischen, führt das zumindest zu einjcbbbbbbj,zhfh.j .uik goui oliz okizh.o .gjk.gjk.gk.gk.gk.jgkjgkj.gk.jgkjgkj.g.kjgkjkgj.k.gjkgj. gk.j.gkjg.jkgjkgjkgjkgjkgkjgkjgjk

Das interessierte-Jugendliche-Phänomen:

Das einzige, wofür sich Deine heranwachsenden Kinder an Deinem Computer interessieren, sind die zahlreichen Spiele-Raubkopien, die sie während Deiner Abwesenheit auf die Festplatte kopieren.

Folgerung aus dem interessierte-Jugendliche-Phänomen:

Diese Tätigkeit wird jeden existierenden Virus im Umkreis von 400 Kilometern auf Deinen Computer befördern.

Das Andere-System-Phänomen:

1. Der erfahrenste Computerfreak in Deiner Umgebung wird ein anderes Computersystem haben als Du.
2. Er wird Dir bei jeder sich bietenden Gelegenheit darauf hinweisen, daß Dein Computer nur von absoluten Anfängern gekauft wird.
3. Jeder wird ihm glauben.

Präzisierungen des Anderen-System-Phänomens:

- Besitzt Du ein Amiga-System, wirst Du wegen Deines Spielcomputers ausgelacht.
- Besitzt Du ein Atari-System, wirst Du wegen Deines Möchtegern-Grafikcomputers ausgelacht.

- Besitzt Du ein Commodore-64-System, wirst Du wegen Deines Kindergartencomputers ausgelacht.
- Besitzt Du ein Macintosh-System, wirst Du wegen Deines Apothekenpreis-Computers ausgelacht.
- Besitzt Du ein MS-DOS-System, wirst Du wegen Deiner Rückständigkeit ausgelacht.
- Besitzt Du eine Workstation, wirst Du wegen Deines unausgereiften Betriebssystems ausgelacht.
- Besitzt Du ein anderes System, wirst Du wegen Deines rückständigen Exoten ausgelacht.

Gleichnis von der Sachlichkeit in Computerclubs:

Egal, was für einen Computer Du besitzt: Du hast nie das neueste oder beste Modell und wirst in Deinem User-Club wegen ihm ausgelacht werden.

Gabis Postulat von der Themenbezogenheit deutscher Computerclubs:

1. Um themenbezogen und effektiv arbeiten zu können, muß jeder deutsche Computerclub als eingetragener Verein arbeiten.

2. Wozu themenbezogene und effektive Arbeit? Es gibt doch soviel wichtigere Sachen wie Vereinswahlen, Vorstandsquerelen oder Satzungsdiskussionen.

4.0 Computerfreaks

Um zu klassifizieren, worum es in diesem Kapitel geht – nämlich um den Computerfreak – muß zunächst einmal der- beziehungsweise diejenige definiert werden, um die es hier nicht geht. Als abgrenzende Definition gilt also für uns die

Definition von Computeranwendern:

Gestreßtes, zumeist weibliches Wesen, das mit unbrauchbaren Programmen, unverständlichen Handbüchern und unangepaßten Peripheriegeräten vor einem augenschmerzenden Bildschirm Arbeiten verrichten soll, die es ohne Computer in der Hälfte der Zeit erledigen könnte.

Den restlichen Teil der bio-dynamische Computerperipheriegeräte kann man nun in zwei große Gruppen aufteilen. Zum einen ist da die

Definition von Besitzern von »Heim-« und »Semiprofessionellen« Computern:

Männliches Wesen, dem es nichts ausmacht, endlose Stunden für eine Tätigkeit zu opfern, die keinen praktischen Nutzen hat, dabei jeden Bezug zur

Realität verliert und keine Zeit mehr für seine Umgebung, seine Mitmenschen, seine Freunde oder seine Familie hat.

Im Unterschied dazu die

Definition von Besitzern von »professionellen« Computern:

Männliches Wesen, dem es nichts ausmacht, endlose Stunden für eine Tätigkeit zu opfern, die keinen praktischen Nutzen hat, dabei jeden Bezug zur Realität verliert und keine Zeit mehr für seine Umgebung, seine Mitmenschen, seine Freunde oder seine Familie hat.

Ein Computer **stürzt** nur ab,
wenn der Text lange nicht gespeichert
wurde.

Renates zwei Gesetze von der vermuteten Versuchung:

1. Wenn ein Mann anfängt, Bemerkungen fallenzulassen wie »wir leben in einem Informationszeitalter«, dann will er sich einen Computer kaufen.
2. Spricht ein Mann nicht davon, dann hat er ihn schon bestellt.

Barbaras Axiom von der Drei-Stufen-Problembearbeitung

Ein Computerfreak behandelt ein Problem in drei verschiedenen Stufen:

1. Wo ist da ein Problem? Ich sehe nichts. Laß mich in Ruhe.
2. Mir macht es Spaß, an schier unlösbaren Problemen zu knobeln. Laß mich in Ruhe.
3. Was für ein Problem? Nein, gelöst habe ich es nicht, es war mir zu langweilig. Laß mich in Ruhe

Die finanzielle Erkenntnis:

Niemand braucht einen Computer. Aber kein Computerbesitzer will das Gesicht verlieren, indem er zugibt, daß die ganze Sache ein teurer Irrtum war.

Gertis erweitertes Gesetz:

1. Männer lieben Computer, weil Computer das tun, was ihnen befohlen wird. Ob das mit dem, was sie tatsächlich tun wollen, übereinstimmt, ist demgegenüber unwichtig.
2. Mit »sie« sind sowohl die Männer als auch die Computer gemeint.

Doros Fachmann-Regel:

Wenn Computerfachleute behaupten, das Publikum solle Computer verstehen, meinen sie in Wirklichkeit, das Publikum solle Computer als gottgegeben hinnehmen und nicht soviel Theater um das Thema machen, damit Computerfreaks das tun können, was sie wollen, ohne von der Außenwelt gestört zu werden.

Gertruds Stoßseufzer:

Wenn Du Dich auf einer Party an den Tisch mit den beiden einzigen anscheinend interessanten Männern setzt, sind es in Wirklichkeit Computerfreaks, die sich stundenlang – ohne Dich anzusehen – über Sortieralgorithmen unterhalten.

Gertruds erweiterter Stoßseufzer:

Wenn Du daraufhin einen Computerkurs belegst, gerätst Du bei der nächsten Party an zwei Männer, die sich über Briefmarkensammeln unterhalten und Computer aus tiefster Seele ablehnen.

Platts erstes Computergesetz:

Egal wofür sich jemand einen Computer kauft. Spätestens nach einer Woche wird er 26 Stunden pro Tag Space Invaders damit spielen.

Die Erkenntnis der Textverarbeitungs-Romantik

1. Das einzige, wozu ein Computerfreak ein Textverarbeitungsprogramm braucht, ist, Dir anstelle eines Liebes- einen Serienbrief zu schicken.
2. Die Länge des Briefs an Dich steht in umgekehrten Verhältnis zur Anzahl der verwendeten Programmfunktionen und eingesetzten Schriftattribute.

Das Zeitspar-Paradoxon

1. Die Zeit, die ein Computerfreak durch Automatisation von Aufgaben spart, steht in umgekehrten Verhältnis zur Dauer der Programmierung.

Die gesparte Zeit Z kann dargestellt werden mit folgender Formel:

$$Z = 1 / 1+(P * H)$$

wobei P die zur Programmierung nötige Zeit und H die Häufigkeit der Aufgabe ist. Im günstigsten Fall spart man nichts.

2. Ein Computerfreak wird die Zeit, die der Computer automatisch arbeitet, dazu benützen, ihm dabei unbewegt zuzusehen, um zu beobachten, ob er richtig läuft.

Der feministische Computeransatz:

Speicherplatz und Manneskraft haben eines gemeinsam: Die Größe ist eigentlich nicht so wichtig, aber kein Mann wird das vor sich zugeben.

C. Opfer

Die Computerindustrie ist eine verschworene Gemeinschaft. So haben sich Programmierer, Freaks sowie Hard- und Softwarehersteller gegen den Anwender verschworen. Anwender, Freaks und Programmierer haben sich gegen die Hard- und Softwarehersteller verschworen. Freaks, Anwender, Hard- und Softwarehersteller haben sich gegen die Programmierer verschworen. Und alle zusammen wiederum sind verschworen gegen diejenigen Menschen, die von einem Computer nur wissen, daß er Platz auf dem Schreibtisch wegnimmt.

Diesen ewigen Kampf kann natürlich niemand gewinnen. Genauer gesagt: Kann kein Mensch gewinnen. Denn mit seiner in Bits und Leiterbahnen fest verankerten Heimtücke bleibt natürlich der Computer als lachender Dritter ungeschoren.

Grundsätzliche Erkenntnis aller von EDV Betroffenen – kurz: aller Opfer – ist die

Grunderkenntnis der EDV-Anwendung:

Ein Computer ist dazu da, dir die Arbeit zu erleichtern, die Du ohne ihn nicht hättest.

1. Programmierer

Programmierer sind (trotz anderslautender Gerüchte): Menschen, die zu nachtschlafender Zeit mit völlig untauglichen Entwicklungspaketen für nicht zusammenpassende Konglomerate fehlerverseuchter Hardware versuchen, im Auftrag von unfähige Bedienern deren einander widersprechende Anforderungen in Programme umzusetzen, die am Schluß niemand verwendet.

Programmierer zerfallen in zwei Kategorien. Die eine Sorte versagt bei dem Versuch, für viel zu wenig Geld mit viel zu viel Aufwand die logischen Irrtümer von Programmiersprachen, die Fehler von Compilern und die in Silizium gegossenen Ungereimtheiten der Hardwareentwickler so gegeneinander auszuspielen, daß das Computersystem am Schluß wenigsten hin und wieder das tut, was man von ihm erwartet. Die andere Sorte tut dieses ganz um sonst.

Generell ist das Denken eines Programmierers logisch (»IF 1=2 CALL Mainprogram«), stets strukturiert (»ON Hunger GOSUB Aldi ELSE RETURN«) und von keinerlei Vorurteilen beeinträchtigt. Obwohl es einzelne Vertreter dieses Berufszweigs geben soll, die dem Vorurteil nachhängen, daß ein Computer dazu geschaffen wurde, dem Menschen zu dienen. Anstatt umgekehrt.

Oder, wie es der berühmte angloamerikanische Schriftsteller Wilhelm D. Base Shakespeare sagte: 2b .or. .not. 2b.

Obwohl es schwierig ist, Murphys Computergesetz aus der Sicht des Programmierers zu schildern (schließlich ist ein Programmierer das im Grunde völlig überflüssige Glied der Kette Marketingabteilung - Werbeabteilung - Programmierer - Vertriebsabteilung - Anwender - Supportabteilung - Updateabteilung), soll auf den folgenden Seiten der Versuch dazu unternommen werden. Auch wenn sich Softwarehäuser und Anwender seit Jahren darüber einig sind, daß ihr Leben ohne die überbezahlten Programmierer und deren Einwände über die Machbarkeit bestimmter Programmanforderungen sehr viel leichter wäre.

Namhafte Hersteller sind deswegen mit wachsendem Erfolg seit geraumer Zeit dazu übergegangen, ihre Software mittels »CASE« (»Computer Aided Software Engineering«) direkt entwickeln zu lassen, weil letztendlich nur ein Computer Programme so schreiben kann, daß andere Computer sie auch in der richtigen Art mißverstehen können.

Lükes Grundlage der Programmierung:

Es wird nicht funktionieren.

Erste Ableitung:

Funktioniert es doch, dann hat es jemand anderes geschrieben.

Zweite Ableitung:

Fluchen ist die einzige Sprache, die alle Programmierer perfekt beherrschen.

Schlußfolgerung:

Ein Computer wird das tun, was du programmierst – nicht das, was du willst.

Doppelregel für Hobbyprogrammierer:

1. Führst Du ein selbstprogrammiertes Programm vor, dann stößt Du beim ersten Mal auf einen offensichtlichen Fehler.
2. Gravierende Fehler sind von Dir nicht reproduzierbar. Sie werden allerdings von jedem bemerkt, der außer Dir Dein Programm startet.

Axels Erkenntnis vom Debugging:

Nichts verbessert ein Programm so sehr wie das Fehlen von Kontrollroutinen.

Axels erweiterte Erkenntnis:

Wenn Debugging der Vorgang ist, Fehler aus einem Programm auszubauen, dann ist Programmieren der Vorgang, Fehler einzubauen.

Axels Folgerung:

Wenn Du nicht weißt, was Du tust – mach es elegant.

Erster Grundsatz der EDV-Spezialisierung:

Jeder Entwickler, der von außerhalb der Stadt kommt, ist ein Fachmann.

Zweiter Grundsatz der EDV-Spezialisierung:

Ein Fachmann ist jemand, der immer mehr über immer weniger weiß, bis er zum Schluß absolut alles über gar nichts weiß.

Clarkes Reihenfolge der Softwareentwicklung:

1. Es ist unmöglich – ich verschwende doch nicht meine Zeit.
2. Es ist möglich, aber nichts wert.
3. Ich sage ja, daß diese Idee von mir großartig ist.
4. Kann mir mal jemand sagen, warum die Konkurrenz schon wieder schneller war?

Mexners Speicheraxiom:

Programmcode neigt dazu, den kompletten zur Verfügung stehenden Speicher auszufüllen und zu überschreiten.

Die Zerberus-Erweiterung:

Wenn Du sämtliche Kommentarzeilen löscht und umständliche Programmroutinen neu und kürzer programmierst, wird das Programm hinterher länger sein, mehr Speicherplatz benötigen, zu groß für den Compiler sein und darüber hinaus nicht mehr funktionieren.

Gesetze vom Arbeitszimmer:

1. Alle horizontalen Flächen werden in kurzer Zeit von Gerümpel bedeckt.
2. Die Disketten liegen darunter.
3. Das dringend benötigte Pflichtenheft ist nirgends.
4. Zigarettenasche und Kaffee befinden sich irgendwo dazwischen.

Der Katastrophenschutz:

Wer lächelt, wenn etwas schiefgeht, weiß einen, den er dafür verantwortlich machen kann.

Die acht ehernen Kundengesetze:

1. Es kommt einem Kunden nie darauf an, was ein Projekt kostet, sondern wieviel er dabei einspart.
2. Wenn Du ein Programm erfolgreich ergänzt hast, wird es der Kunde nicht mehr haben wollen.

3. Kein Kunde weiß, was er eigentlich will.
4. Jeder Kunde weiß, was er nicht will.
5. Kein Kunde will das, was Du bereits fertiggestellt hast.
6. Er weiß auch nicht, was er statt dessen möchte.
7. Der Kunde, der am wenigsten zahlt, meckert am meisten.
8. Größere Änderungen wird der Kunde immer dann verlangen, wenn ein Produkt eben ausgeliefert wurde.

Merksatz vom zeitverzögerten Bug:

1. Du wirst den entscheidenden Fehler erst dann entdecken, wenn das Programm sechs Monate lang fehlerfrei lief.
2. Dieser Fehler wird die Daten verfälscht oder vernichtet haben, die nicht wiederherstellbar sind und auf die es bei dem Programm in erster Linie ankam.
3. Der Quellcode ist inzwischen unauffindbar.

Peters Gesetz vom Spaghetticode:

Die Programmverwicklung wächst so lange, bis sie die Fähigkeiten des Programmierers übertrifft, der es weiterentwickeln muß.

Die Erweiterung von Peters Gesetz:

Die Vorarbeit wurde immer von Personen ausgeführt, die dabei sind, die höchste Stufe ihrer Unfähigkeit zu erreichen.

Das Analyse-Axiom:

Nach sorgfältiger Analyse der Programmstruktur und mühevollem Aufwand wird festgestellt werden, daß es das falsche Programm ist und bei der zu lösenden Aufgabe nicht verwendet werden kann.

Prämisse vom unveränderlichen Streß:

Anstrengung mal Zeit = konstant

Erste Ableitung der Streßprämisse:

Wenn Du noch viel Zeit hast, wirst Du wenig Anstrengung investieren.

Zweite Ableitung der Streßprämisse:

Nähert sich die zur Verfügung stehende Zeit dem Wert Null, wächst die Anstrengung ins Unendliche.

Dritte Ableitung der Streßprämisse:

Ohne die »letzte Minute« würdest Du nie irgendetwas erledigen.

Allgemeine Konzeptionsgesetze:

a) Du hast niemals Zeit, es richtig zu machen, aber beliebig viel Zeit es nochmals zu machen.

b) Alles, was an dem Pflichtenheft eines Programms änderbar ist, wird so lange geändert, bis es zu spät ist, noch irgendetwas am Programm selbst zu ändern.

Rüdigers Gesetze vom Debugging:

1. In jedem Programm neigen Fehler dazu, am entgegengesetzten Ende Deiner Fehlersuche aufzutreten.
2. Wenn ein Listing Fehler aufweist, sieht es fehlerfrei aus.
3. Wenn ein Fehler entdeckt und korrigiert wurde, stellt sich heraus, daß es schon zu spät ist.
4. War es nicht zu spät, war die Korrektur falsch und der ursprüngliche Text richtig.

Folgerung 1:

Nachdem die Korrektur falsch war, wird es unmöglich sein, den Anfangszustand wiederherzustellen.

Folgerung 2:

Von zwei möglichen schlechten Ereignissen wird nur das tatsächlich eintreten, bei dem der Fehler auf Dich zurückzuführen ist.

Das Qualitätssyndrom:

Jedes Programm, das gut beginnt, endet schlecht. Ein Projekt, dessen Programmierung schlecht beginnt, endet furchtbar.

Folgerung 1:

Was einfach aussieht, ist schwierig. Was schwierig aussieht, ist unmöglich. Was unmöglich aussieht, kann sogar die Putzfrau ohne Computer lösen.

Folgerung 2:

Eine Grenze dafür, wie schlimm es noch werden kann, gibt es nicht.

Folgerung 3:

Die Putzfrau hat längst bei der Konkurrenz als Systemprogrammiererin angefangen.

Wulfs Prinzip der geringsten Verwunderung:

Wenn etwas an einer Stelle auf eine Art realisiert wurde, dann muß es immer und überall so realisiert werden.

Die Softwareteam-Ableitung:

Zur Lösung von Programmierproblemen hat jeder im Softwareteam mindestens einen Plan, der nicht funktioniert.

Das Routinengesetz:

1. Jede Programmroutine, in die sich ein Fehler einschleichen kann, wird auch einen enthalten.
2. Auch in Routinen, die fehlerlos sein müssen, sind Fehler.

Erste Folgerung:

Jeder Fehler wird dort sitzen, wo er am spätesten entdeckt wird und den größtmöglichen Schaden anrichtet.

Zweite Folgerung:

Jeder Fehler tritt erst dann auf, wenn das Gesamtprogramm die letzte Kontrolle durchlaufen hat.

Dritte Folgerung:

Wird der Fehler früher bemerkt, ist die Ursache nicht zu finden.

Gesetz vom Schluß:

Die Fertigstellung eines Programmes braucht immer doppelt so lang wie geplant. Wird dieses Gesetz beim Zeitplan berücksichtigt, so gilt der Satz der Rekursion.

Der Adaptionslehrsatz:

Die Anpassung eines Programms auf ein anderes Computersystem bewirkt, daß es auf dem Rechner, für das es ursprünglich geschrieben wurde, nicht mehr lauffähig ist. Der Versuch der Anpassung an den ersten Rechner bewirkt, daß das Programm auf keinem der beiden Rechner läuft.

Gleichgültig, wie teuer Sie
ein Computersystem einschätzen,
es wird am Ende stets teurer
als erwartet.

Die Multiplikationstheorie:

Die Zahl der Personen in einem Programmierteam neigt zur Zunahme ohne Rücksicht auf die Menge der anfallenden Arbeit.

Ergänzung:

Tust Du jemandem einen Gefallen, dann bist Du ab sofort auf Dauer dafür verantwortlich.

Robbins Grenzwertbestimmung:

Die Minimalanforderung im Programmpflichtenheft sind zugleich das Maximum an Leistung, daß auf dem geforderten Computertyp realisierbar ist.

Hartz' Unsicherheitsfaktor:

Unklarheit ist eine unveränderliche Größe.

Gesetz über die Programmänderung:

Je einfacher eine Änderung zu sein scheint, um so größere Kreise zieht sie und um so mehr Routinen müssen neu geschrieben werden.

Vereinfachende Ableitungen:

1. Wo ein Wille ist, ist auch ein »geht nicht«.
2. Nichts ist so einfach, daß man es nicht falsch machen kann.

Die Abfangregel:

Wenn Du eine Routine entwickelst, die offensichtliche Fehler vor der Ausgabe abfängt, wird es Anwender geben, die sich diese fehlerhaften Daten schon zuvor, unter Umgehung dieser Abfangroutine, besorgen können.

Axiom von der Recherche:

Die Information, die am dringendsten benötigt wird, ist am wenigsten erreichbar.

Gesetz von der Findigkeit des Anwenders:

Wenn man feststellt, daß es vier verschiedene Möglichkeiten gibt, ein Programm zum Absturz zu bringen und man schaltet diese vier aus, findet der erste Anwender eine fünfte.

Verallgemeinerung:

Du kannst jedes Programm narrensicher machen, aber keines verdammt narrensicher.

Das Dokumentationsgesetz:

Ein Handbuch wird nicht gelesen.

Ausnahmen:

1. Schlechte Handbücher werden von Testredakteuren gelesen.

2. Es werden nur die Abschnitte im Handbuch gelesen, die einen Anwender dazu veranlassen, das Falsche zu tun.
3. Jedes Handbuch ist bei Drucklegung veraltet.

Axiom von der Relation Handbuch/Programm:

Wenn Du etwas so genau erklärst, daß es nicht mißverstanden werden kann, wird es irgendwer doch tun.

Vogels Zusammenhang zwischen Testbericht und Handbuch:

1. Machst Du ein gutes Handbuch, ist es dem Testredakteur nicht ausführlich genug.
2. Machst Du ein gutes und ausführliches Handbuch, werden Handbücher beim Test nicht bewertet.
3. Machst Du ein schlechtes Handbuch, ist es das ausschlaggebende Kriterium für die Testberichte in allen Computerzeitschriften.

Daniels Gesetze über Testberichte:

1. Dein Programm wird von Computerzeitschriften so lange nicht getestet, bis Konkurrenzprodukte auf den Markt gebracht werden, die besser sind.
2. Trifft Satz 1 nicht zu, wird der Testredakteur behaupten, daß die herausragenden Features Deines Programms keiner braucht.

3. Treffen Satz 1 und Satz 2 nicht zu, hat der Testredakteur die herausragenden Features Deines Programms nicht bemerkt.

Daniels Ableitungen:

1. Dein Programm schneidet immer am schlechtesten ab.
2. Das beste Testergebnis bekommt immer Dein härtester Konkurrent.
3. Die Wertung ist um so katastrophaler, je wichtiger die testende Zeitschrift für die anvisierte Zielgruppe ist.

Dogma vom hinterlistigen Algorithmus:

Wenn ein Programm funktioniert, ist vorher etwas schiefgegangen.

Folgerungen aus dem Dogma vom hinterlistigen Algorithmus:

a) Ganz egal, was schiefgeht, es wird richtig aussehen.

b) Derjenige, den Du um Hilfe bittest, wird den Fehler nicht bemerken.

c) Derjenige, der mit unerbetenen Ratschlägen dazukommt, wird ihn sofort entdecken.

d) Egal, was schiefgeht, immer ist jemand da, der es schon vorher wußte.

e) Glaube nicht an Wunder – verlaß Dich auf Sie.

Die Tempelmann-Erkenntnis vom eleganten Programmieren:

Komplexe Probleme haben einfache, leicht umzusetzende aber falsche Lösungen.

Verallgemeinerung:

Die Abkürzung ist die längste Entfernung zwischen zwei Punkten.

Positive Ausnahme:

Eine gute Lösung kann praktisch auf jedes Problem angewendet werden. Dabei werden sich jedoch sowohl Problem als auch Lösung zu ihrem Nachteil verändern.

Allgemeine Algorithmentheorie:

1. Jede Formel und jede Konstante muß als Variable betrachtet werden.
2. Die wesentliche Dimension eines Algorithmus hat die größte Chance, weggelassen und/oder vergessen zu werden.
3. Sobald ein Programm-Modul perfekt funktioniert, wird es mit den anderen Modulen nicht zusammenarbeiten.

4. Nichts endet jemals so wie geplant.
5. In einer gegebenen Aufgabe, die n Gleichungen enthält, werden sich mit Sicherheit n+1 Unbekannte verstecken.

Theoretisches Gesetz der Programmiersprachen-Kompatibilität (unter dem Namen »Turbo-... / Quick-... Axiom« weltberühmt geworden):

1. Prämisse: Selbst wenn es gelänge, alle Programmiersprachen der Welt durch eine einzige, einheitliche Programmiersprache zu ersetzen – es wird auch dann immer genug Hersteller geben, die diese einzige, einheitliche Programmiersprache in einer eigenen Spezialentwicklungen auf den Markt bringen.
2. Folgerung: Diese Spezialentwicklungen werden zu nichts kompatibel sein außer zu sich selbst.
3. Einschränkung: Die Inkompatibilität erstreckt sich aber selbstverständlich auch auf verschiedene Versionsnummern derselben Spezialentwicklung.

Praktische Anwendung Programmiersprachen-Kompatibilität:

1. Da es keine einzige, einheitliche Programmiersprache gibt, ist das Wirrwarr total.
2. Du darfst es ausbaden.

Die 90-90-10-Regelung des Programmierprojekts:

1. Die ersten 90 Prozent des Programms brauchen 10 Prozent der verfügbaren Zeit.
2. Die restlichen 10 Prozent des Programms brauchen 90 Prozent der verfügbaren Zeit.
3. Du fängst immer mit diesen restlichen 10 Prozent an.

Konsequente Kunden-Ableitung aus der 90-90-10-Regelung:

Die zehn Prozent, mit denen Du angefangen hast, gehören zu der Programmroutine, die der Kunde zu guter letzt wieder entfernt haben will.

Grays Programmiergesetz:

Für n+1 unwichtige Aufgaben wird die gleiche Zeit zur Durchführung erwartet wie für n Aufgaben.

Die erweiterte Epstein-Heisenberg-Unschärferelation:

Von den Parametern Zeit, Geld und Aufgabe lassen sich immer nur zwei zur gleichen Zeit exakt berechnen:

1. Wenn die Aufgabe bekannt ist und die zur Verfügung stehende Zeit, ist es unmöglich zu berechnen, wie teuer das Ganze wird.

2. Wenn die zur Verfügung stehende Zeit und der Etat bekannt ist, wird niemand wissen, welcher Teil der Aufgabe zu lösen ist.
3. Wenn die Aufgabe bekannt ist und auch das zur Verfügung stehende Etat, dann wird keiner wissen, ob und wann das Ziel erreicht wird.
4. Wer alle drei Parameter bestimmen kann, befaßt sich nicht mit dem Bereich der Aufgabenstellung.

Postulat vom Pflichtenheft:

1. Ausnahmen sind grundsätzlich zahlreicher als Regeln.
2. Von allen anerkannten Ausnahmen gibt es Ausnahmen.
3. Wenn man die Ausnahmen endlich im Griff hat, erinnert sich keiner mehr an die Regeln, für die sie gelten sollen.

Gesetz des Ärgers:

Sobald Du eine Datei löschst, weil Du sicher bist, daß Du sie nie wieder brauchst, wirst Du sie sofort benötigen.

Das Compiler-Strukturgesetz:

Je mehr Strukturbefehle Du in Deinem Programm verwendest, um so weniger wird Dein Compiler übersetzen.

Ergänzung zum Compiler-Strukturgesetz:

Übersetzt werden nur die fehlerhaften Strukturen.

Erste Erweiterung des Compiler-Strukturgesetzes:

Wenn der Compiler ein Programm beim ersten Durchlauf ohne Fehler akzeptiert, wird das fertige Programm nicht den erwünschten Output liefern.

Zweite Erweiterung des Compiler-Strukturgesetzes:

Verzichtest Du auf strukturierte Programmierung, wird der Compiler unverständliche Fehlermeldungen produzieren. Die dazugehörigen Fehler wirst Du in Deinem Spaghetticode nicht finden.

Das Zeichenkonvertierungsgesetz:

a) Du kannst Groß- nach Kleinbuchstaben und Klein- nach Großbuchstaben wandeln. Als Ergebnis wirst Du aber stets einen Text erhalten, bei dem die Hälfte aller Kleinbuchstaben groß und Großbuchstaben klein geschrieben sind.

b) Du kannst den Anfangszustand nicht wieder herstellen.

c) Richtig geschrieben bekommst Du den Text nur per Hand.

d) Am Ende ist es weniger Arbeit, den ganzen Text neu einzutippen.

Frankes Blumenerkenntnis:

Egal womit man die Blumen gießt: Die Hälfte davon läuft immer über die Listings.

Helmuts Befehlsaxiom:

Ein Kommando kann gar nicht so kurz sein, als daß man nicht mindestens dreimal einen Tippfehler einbauen kann.

Ergänzung zu Helmuts Befehlsaxiom (auch das Entweder-»<«- oder-»#«-Gesetz genannt):

Tippst Du den Befehl fehlerfrei, wirst Du zwischen Befehl und abschließendem Return wahlweise ein »<«, ein »#« oder ein »+« schieben.

Erkenntnis des Anwendungsprogrammierers:

Grundsatz: Ein Anwender macht immer das Falsche.

1. Schreibst Du »*Tippe (J) oder (N)*«, tippt er »*(J) oder (N)*«
2. Schreibst Du »*Drücke [RETURN]*«, tippt er »*[RETURN]*«
3. Schreibst Du »*Drücke irgendeine Taste*«, drückt er auf SHIFT oder betätigt die NUMLOCK-Taste.

Mulis Registererkenntnis:

1. Speicherst Du etwas in einem Register, und merkst Dir genau, was Du dort gespeichert hast, vergißt Du das Register.
2. Merkst Du Dir das Register, dann wirst Du den Inhalt nicht mehr benötigen.

Die Freitag-Montag-Regel:

Ein Programm, das Du Freitags ablieferst, siehst Du Montag wieder.

Die drei grundlegenden Softwarehaus-Irrtümer:

1. Je größer das Programmiervorhaben, um so später werden grundlegende Ablauffehler entdeckt.
2. Wenn ein Problem verschwunden ist, gibt es immer noch Leute, die an der Lösung arbeiten.
3. Mehr Leute für ein überfälliges Programmierprojekt abzustellen, verzögert die Fertigstellung.

Die Softwarehaus-Erkenntnis:

Dringlichkeit ist der Wichtigkeit umgekehrt proportional.

Grundsatz des Software-Engineerings:

Zeit ißt Geld.

Treplins Stoßseufzer:

Es gibt zwei Methoden, fehlerfreie Programme zu schreiben. Aber nur die dritte funktioniert.

2. Anwender

Landläufig wird ein Anwender definiert als ein Computerperipheriegerät, das versucht, mit völlig unzureichender Hardware und einem unverständlichen Programm ein Problem zu lösen, das ohne Computer in der halben Zeit lösbar wäre. Diese Begriffsbestimmung ist jedoch höchst ungenau und oberflächlich. Tatsächlich ist ein Anwender ein Computerperipheriegerät, das versucht, mit völlig unzureichender Hardware und einem unverständlichen Programm ein Problem zu lösen, das es ohne Computer gar nicht geben würde.

Diese Aufgabe wird dem Anwender erleichtert durch

- eine deutsche Programmversion,
- eine benutzerfreundliche Hardware sowie
- mehrerer, umfangreicher, einander widersprechender Dokumentationen.

Eine deutsche Programmversion besteht dabei in der Regel aus einem schlecht übersetzten Handbuch, aus verstümmelten deutschen Systemmeldungen und englischen Befehlen.

Unter Benutzerfreundlichkeit ist das entgegenkommende, höfliche und duldsame Verhalten des Anwenders gegenüber dem patzigen, rätselhaften und unflexiblen Verhalten von Hard- und Software zu verstehen. Bestimmung des Anwenders ist es dabei nicht, Lösungswege zu entwickeln, sondern in erster Linie, herauszufinden, warum Programm und Hardware etwas anderes tun, als das, was in den jeweiligen Dokumentationen geschildert ist.

Trotz der allgemeinen Gültigkeit von Murphys Computergesetzen ist es für Anwender nicht generell unmöglich, die verschlungenen Wege von Hard- und Software zu enträtseln. Daß dies in der Geschichte der Computer noch niemandem gelungen ist, ist dabei keine endgültige Widerlegung dieses Satzes.

Obwohl es schwierig ist, Murphys Computergesetz aus der Sicht des Anwenders zu schildern (schließlich ist ein Anwender das im Grunde völlig überflüssige Glied der Kette Entwickler-Programmierer-Hersteller-Anwender-Reparaturdienst-Computerschrotthändler), soll auf den folgenden Seiten der Versuch dazu unternommen werden. Auch wenn sich Entwickler, Programmierer und Hersteller seit Jahren darüber einig sind, daß ihr Leben ohne Anwender sehr viel leichter wäre.

Namhafte Hersteller sind deswegen mit wachsendem Erfolg seit geraumer Zeit dazu übergegangen, ihre Hard- und Software entwickeln zu lassen, ohne auf dieses fehlerbehaftete Kettenglied Rücksicht zu nehmen.

Erster Grundsatz der Computeranwendung:

Wenn etwas schiefgeht, weißt Du nur, daß Du eine ungerade Zahl von Fehlern gemacht hast.

Zweiter Grundsatz der Computeranwendung:

Die Fehlerzahl n in einem beliebigen Computersystem beziehungsweise einem beliebigen Programmpaket ist nach folgender Formel exakt zu berechnen:

$$n > a$$

wobei a eine beliebig gewählte Zahl ist.

Dritter Grundsatz der Computeranwendung:

Geht nichts schief, ist die Fehleranzahl größer

$$n + 1.$$

Vierter Grundsatz der Computeranwendung:

Wenn nichts mehr funktioniert, lies endlich die Gebrauchsanweisung.

Axiom von der Problemvermehrung:

In jedem großen Problem steckt ein kleines, das gerne raus will.

Schainkers Umkehrung:

In jedem kleinen Problem steckt ein großes, das gerne raus will.

Joachims Stoßseufzer:

Auch wo überhaupt kein Problem ist, steckt ein großes, das gerne raus will.

Gesetz von der statistischen Logik der Softwarehersteller:

80 Prozent der Benutzer setzen laut Marktuntersuchungen nur 20 Prozent der Funktionen ein.

Erste Logische Ableitung:

20 Prozent der Benutzer benötigen die 80 Prozent der Funktionen, die sein Programm nicht besitzt.

Zweite Logische Ableitung:

Du gehörst mit hundertprozentiger Sicherheit zu diesen 20 Prozent.

Verdeutlichung:

Ein Programmierer wäre der letzte, der sein Programm auch anwendet.

Lehrsatz vom Programmnutzen:

Das was Du mit einem Programm machen willst

- steht nicht im Handbuch
- wird erst im Update des Handbuchs erklärt

– wird erst in der nächsten Version des Programms implementiert.

Gesetz von der Kosten- und Zeitmaximierung:

Jeder eilige Programmierauftrag kostet mehr und dauert länger.

Erweiterung:

Jedes Programm kostet mehr und braucht länger – bei jedem Durchlauf.

Die vier Programmgrundlagen:

1. Jedes Programm das fehlerfrei läuft, ist veraltet.
2. Jedes nützliche Programm wird geändert.
3. Jedes unsinnige Feature wird sofort dokumentiert.
4. Jeder Fehler wird sofort als neue Funktion eingebaut.

Verallgemeinerung:

Wenn Du irgend etwas verstanden hast, ist es veraltet.

Gesetze vom Computerkauf:

1. Angaben des Herstellers über die Leistung sollten mit dem Faktor 0,5 multipliziert werden.
2. Ansprüche der Anwender über die Leistung werden mit dem Faktor 0,25 multipliziert.

3. Mitgelieferte Handbücher und Systemdisketten werden sofort in der Poststelle abgelegt und bleiben dort unauffindbar.
4. Wenn Du nach langem Suchen endlich einen Computer gekauft hast, wird er in der nächsten Woche um die Hälfte billiger werden. Alternativ erscheint ein Modell, das zum gleichen Preis die doppelte Leistung bietet.

Ableitungen zur Garantie:

1. Garantieleistungen werden durch Zahlung der Rechnung ungültig.
2. Eine 180-Tage-Garantie garantiert nur eines: Daß sich das Gerät am 181. Tag selbst zerstört.

Axiom von der Vergeblichkeit der Fehlerbehebung:

Wenn Du Deinen Work-around für einen Programmfehler fertiggestellt hast, erscheint die neue Version, in der der Fehler behoben ist.

Axiom von der Vergeblichkeit der Speichererweiterung:

Der Hauptspeicher von jedem Computer ist zu klein. Erweiterst Du Dein System, erscheint die neue Version deines Programms, die mindestens 10 Kbyte mehr Speicher braucht, als Du nach Erweiterung zur Verfügung hast.

Das erste Grafsche Messegesetz (auch als »München-Hannover-Parallelen« bekannt):

Zwei aufeinanderfolgende Termine auf einer Computermesse finden in der maximal möglichen Entfernung voneinander statt.

Ableitung 1:

Zwischen den beiden Orten verkehrt niemals ein Messebus.

Ausnahme:

Zwei aufeinanderfolgende Termine finden am selben Ort statt, wenn man dazwischen dringend an einen Ort gehen muß, der in der maximal möglichen Entfernung davon liegt.

Ableitung 2:

Wenn man sich auf dem Weg vom einen zum anderen Ort befindet, trifft man unweigerlich einen als Vielredner berühmten Geschäftspartner.

Ableitung 3:

Die beiden interessantesten Vorführungen der Messe finden immer zur gleichen Zeit in unterschiedlichen Hallen statt.

Das zweite Grafsche Messegesetz:

Du wirst niemals pünktlich zu einem Termin kommen.

Erweiterungen zum zweiten Grafschen Messegesetz:

a) Kommst Du zu früh, hat der Gesprächspartner ohne Dein Wissen den Termin abgesagt

b) Wenn Du Dich fast umbringst, um rechtzeitig da zu sein, mußt Du ewig warten.

c) Kommst Du zu spät, kommst Du zu spät.

Das dritte Grafsche Messegesetz:

Der Hersteller, wegen dem Du die Messe vor allem besuchst, hat so kurzfristig vorher abgesagt, daß der Katalog nicht mehr geändert werden konnte.

Ausnahme vom dritten Grafschen Messegesetz:

Der Hersteller ist dann vertreten, wenn er das Dich interessierende Produkt nicht ausstellt oder der einzig kompetente Mitarbeiter vor Messebeginn krank geworden ist.

Axiom der Fehleroptimierung:

Wenn ein Programm bei Dir fehlerfrei läuft, mach Dir keine Sorgen. Es wird vorbeigehen.

Folgerungen aus dem Axiom der Fehleroptimierung:

1. Wenn es nicht mehr schlimmer werden kann, wird es schlimmer.

2. Wenn Du glaubst, der Fehler sei behoben und das Programm läuft wieder, hast Du etwas übersehen.
3. Wenn eine Kette von Ereignissen schiefgehen kann, wird es in der schlimmstmöglichen Reihenfolge geschehen.
4. Wenn es schlimm gewesen ist, wird es nochmal passieren.
5. Wenn das schlimmstmögliche eingetreten ist, ist es jemandem, den Du kennst, erst vor kurzem passiert – nur alles viel schlimmer.

Erkenntnis über Computerverlage:

Computerverlage produzieren Computerbücher, um darin das zu erklären, was Du in Computerzeitschriften nicht verstanden hast. Computerzeitschriften werden aus dem umgekehrten Grund produziert.

Konsequente Folgerung aus der Computerverlags-Erkenntnis:

Du verstehst weder das eine, noch das andere.

Das dreifache Gesetz vom Testbericht in Computerzeitschriften:

1. Der Testbericht über das Dich interessierende Programm erscheint eine Woche, nachdem Du es gekauft hast.

2. Das von Dir gekaufte Programm hat immer die schlechtmöglichste Bewertung.
3. Das Programm, das Du fast gekauft hättest, hat die bestmöglichste Bewertung.

Die zwölf Beratungs-Trugschlüsse für den leichtgläubigen Käufer (auch das »Was-der-Verkäufer-auf-kritische-Fragen-sagt-Gesetz« genannt:

1. »Das funktionierte gestern noch.«
2. »Der Rechner, auf dem das läuft, wurde vor zehn Minuten verkauft.«
3. »Dieser Programmteil ist jetzt zufälligerweise nicht auf dieser Festplatte.«
4. »Dieses Problem können Sie leicht umgehen, wenn Sie den Arbeitsablauf in Ihrem Betrieb ein wenig umstrukturieren.«
5. »Ich habe mich erst vor zwei Tagen in das Programm eingearbeitet.«
6. »Selbstverständlich ist das erweiterbar. Das haben wir schon dutzende Male gemacht.«
7. »Unser Spezialist dafür hat zur Zeit Urlaub.«
8. »Wir haben nur die Vorführversion des Programms, die neue Version ist aber unterwegs.«
9. »Wir haben nur die Vorführversion des Programms, die neue Version ist aber fehlerfrei.«

10. »Wenn Sie das Programm/den Computer/das Peripheriegerät erstmal ein paar Wochen in Ihrer Firma haben, dann erledigen sich Ihre Fragen von selbst.«
11. »Selbstverständlich haben wir eine Supportabteilung.«
12. »Nein, zu diesem Preis kommen keine weiteren Kosten hinzu.«

D. Erkenntnisse

In jedem Bereich des Lebens haben sich über die Jahre hinweg bestimmte Erkenntnisse, Grundregeln oder Philosophien entwickelt. Die EDV ist da keine Ausnahme. Die wichtigsten hat der Autor auf den folgenden Seiten zusammengetragen.

Obwohl diese Wahrheiten und Erkenntnisse zum Teil defätistisch klingen, sollte sich der Leser nicht abschrecken lassen. Schließlich ist die

Grunderkenntnis der EDV:

Es gibt nur zwei unverrückbare Erkenntnisse im Leben:

1. Der Computer nützt dem Menschen.
2. Die Erde ist eine Scheibe.

Grundregel jedes Computerbenutzers:

Laß niemals etwas Mechanisches wissen, daß Du es eilig hast.

Die Erleuchtung des Programmierers:

Ein fehlerfreies Programm ist wie die Quadratur des Kreises. Man meint, es könnte gehen, aber keiner hat es je gesehen.

Margheritas Erkenntnis:

Die Wahrscheinlichkeit des Geschehens steht im umgekehrten Verhältnis zum Wunsch.

Seufzer der Computerkids (frei nach Bob Marley):

No Woman, No Cray.

Erkenntnis von den Architekten und Programmierern:

Wenn Architekten so bauen würden, wie Programmierer ihre Programme machen, könnte ein einziger Specht ganze Städte zerstören.

Gottes Einwand:

Wenn Gott den Mensch geschaffen hätte, Computer zu benutzen, hätte er ihm 16 Finger gegeben.

Bernds Ferienziel:

Je größer die Insel des Wissens, desto länger die Küste der Verzweiflung.

Gesetz der Logik:

Bei Computern braucht man sich nicht zu wundern, daß – wenn man blauen Käse eingibt, grüner Käse herauskommt.

Erweitertes Gesetz der Logik:

»Künstliche Intelligenz« (»KI«) hat genausoviel mit Intelligenz zu wie »Naturidentische Aromastoffe« (»BRRH«) mit natürlichem Geschmack.

Joachims Philosophie:

Den Computer neu booten geht schneller als erst einen genialen Trick zu versuchen, um anschließend aus- und wieder anschalten zu müssen.

Über das Schreiben von Programmen:

Programmieren ist wie Romanschreiben. Erst denkt man sich ein paar Typen aus, und dann muß man sehen, wie man mit ihnen zurechtkommt.

Gertis erste Anmerkung:

So hat auch der Mann einmal jemanden, der ihm aufs Wort gehorcht.

Gertis zweite Anmerkung:

Computer sind unzuverlässig, Menschen auch. Computer sind dabei nur wesentlich gründlicher.

Michis Lob des Programmierens:

Endlich mal eine Sprache ohne Plusquamperfekt.

Gesetz vom Irrtum:

Alle großen Entdeckungen wurden durch Irrtümer gemacht.

Folgerung aus dem Gesetz vom Irrtum:

Alle Irrtümer enden mit einer Entdeckung des Irrtums.

Folgerung aus der Folgerung aus dem Gesetz vom Irrtum:

Die Entdeckung des Irrtums ist die Grundlage für den nächsten, schwerwiegenderen Irrtum.

Die Erkenntnis vom Testlabor:

Unter genau kontrollierten Bedingungen wie Temperatur, Feuchtigkeit, Druck und anderen Veränderlichkeiten wird der Computer genau das tun, was ihm gerade gefällt.

Binomische Regel:

Gott schuf die ganzen Zahlen, alles andere ist Menschenwerk.

Das Datenbankdilemma:

Wenn Du Dir ein Adreßverwaltungsprogramm gekauft hast, mit dem Du 500 Adressen bequem verwalten kannst, wirst Du feststellen, daß Du gar nicht so viele Leute kennst.

Der Rausch der Geschwindigkeit:

Mit Computern lassen sich viele Dinge mit atemberaubender Geschwindigkeit erledigen, die eigentlich überhaupt nicht getan werden müßten.

Sysops Seufzer:

Undeclared identifier(s): 'Frauen', 'Maedchen'.

Letzte Konsequenz:

Die Fehlermeldung ist die gemeinste Rache Deines Computers.

E. Hartnäckige Computer-Mythen

Märchen und Sagen waren schon immer ein Hilfsmittel der Menschheit, unerklärliche Vorgänge erklärbar zu machen. In der Frühgeschichte waren es Götter und Geister, die für alle Unbillen verantwortlich waren, die über den arbeitenden Menschen hereinbrachen. Heute, in unserem aufgeklärten Informationszeitalter, treten an ihre Stelle IBM, Microsoft, Apple und Ashton-Tate.

Doch trotz dieser Versuche, das Wesen von Hard- und Software zu erklären, bleibt noch Raum für zahlreiche weitere Mythen, die sich in der Welt der Computeranwender zum Teil seit Jahrzehnten hartnäckig halten.

Der Ablage-Mythos:

Computereinsatz im Büro wird die Verwendung von Papier überflüssig machen.

Der erste Analog-Mythos:

Computer machen den Menschen überflüssig.

Der zweite Analog-Mythos:

Computer machen irgend etwas überflüssig.

Der Anwender-Mythos:

Irgendwo existiert wirklich benutzerfreundliche Software.

Der Buch-Mythos:

Es gibt ein leichtverständliches Computerbuch, mit dem ich meine Probleme in den Griff bekomme.

Der CCITT-Mythos:

Bald haben wir genormte Schnittstellen.

Der Hardware-Mythos:

Lieber noch ein paar Jahre warten, bis die Computer wirklich ausgereift sind.

Der IBM-Mythos

Der IBM-Standard hat sich durchgesetzt, weil er technisch am weitesten entwickelt ist.

Der Informations-Mythos:

Über Onlinedatenbanken bekommt man jede Information.

Der Integrations-Mythos:

Integrierte Anwenderpakete sind allen Anforderungen gewachsen.

Der Kompatibilitäts-Mythos:

Ein PC, der hundertprozentig IBM-kompatibel ist.

Der Laptop-Mythos:

Wer mit einem Laptop im Flugzeug arbeitet, bringt letzteres (nicht ersteren) zum Absturz.

Der Lösungs-Mythos (1):

Mit Computern läßt sich jedes Problem lösen.

Der Lösungs-Mythos (2):

Mit Computern läßt sich mein Problem lösen.

Der Lösungs-Mythos (3):

Mit Computern läßt sich irgendein Problem lösen.

Der Netzwerk-Mythos:

Bald haben wir einen gültigen Netzwerk-Standard.

Der Preis-Mythos:

Lieber noch ein paar Jahre warten, bis die Computer noch billiger geworden sind.

Der Professionalitäts-Mythos:

Für Profi-Anwendungen braucht man unbedingt einen IBM-kompatiblen Computer.

Der Rationalisierungs-Mythos:

Computer vereinfachen jede Arbeit.

Der Software-Mythos:

Lieber noch ein paar Jahre warten, bis die Software wirklich ausgereift sind.

Der Unix-Mythos:

Die Hersteller werden sich schon noch auf einen gemeinsamen Unix-Standard einigen.

Der Viren-Mythos:

Auf meinen PC können keine Viren kommen.

Der Zeitspar-Mythos:

Mit einem Laptop kann man außerhalb geschlossener Räume konzentriert arbeiten.

F. Die besten Ausreden

Wie wir bereits festgestellt haben, werden Computer in Büros und Firmen nicht deshalb eingeführt, um schneller oder besser arbeiten zu können. Wer weiß, wie Computer arbeiten, wird auch sofort erkennen, daß Computer einerseits und effektive Arbeit andererseits unvereinbare Widersprüche sind.

Tatsächlich gilt

Die abteilungsspezifische Ableitung des Doppelgesetzes von der komplexen Hardware:

Willst Du in Deiner Abteilung eine permanente Ausrede für eigene Fehler haben, dann rüste sie mit Computern aus.

Schließlich gibt es kein besseres Argument für Fehler, Pannen und nicht eingehaltene Termine als ein eingesetzter Computer.

Um einem Anwender die richtigen Argumente an die Hand zu geben, ohne daß er lange nach Ausreden suchen muß, haben wir im folgenden die glaubwürdigsten zusammengestellt.

Die allgemeine Ausrede:
»Das stand nicht im Handbuch.«

Die erweiterte allgemeine Ausrede:
»Jemand hat sich mein Handbuch ausgeliehen.«

Die allgemeine Computer-Ausrede (Version 1):
»Dafür ist mein PC nicht kompatibel genug.«

Die allgemeine Computer-Ausrede (Version 2):
»Dafür ist mein PC zu kompatibel.«

Die Ausdruck-Ausrede:
»Mein Traktor zieht das Papier schief ein.«

Die Businessgrafik-Ausrede:
»Meine Plotterstifte sind eingetrocknet.«

Die Dateien-Ausrede (1):
»Meine Festplatte ist voll.«

Die Dateien-Ausrede (2):
»Meine Festplatte ist dafür zu langsam.«

Die Dateien-Ausrede (3):
»Meine Festplatte hatte plötzlich defekte Sektoren.«

Die Drucker-Ausrede (1):
»Mein Farbband ist alle.«

Die Drucker-Ausrede (2):
»Mir fehlt der richtige Treiber.«

Die Drucker-Ausrede (3):
»Mein Drucker kann diesen Zeichensatz nicht.«

Die plumpe Ausrede:
»Vorher hat er/sie/es noch funktioniert.«

Die nicht-so-plumpe Ausrede:
»Das macht bei uns immer Frau Y.«

Die ganz plumpe Ausrede:
»Mir hat niemand erklärt, wo an dieser Tastatur oben ist.«

Die Installations-Ausrede:
»Meine speicherresidenten Programme haben sich gegenseitig abgeschossen.«

Die Interface-Ausrede:
»Die Druckeranpassung klappt noch nicht.«

Die linguistische Ausrede:
»Bisher haben wir so etwas immer in einer anderen Programmiersprache geschrieben.«

Die Mailbox-Ausrede:
»Das verträgt sich nicht mit meiner Terminalemulation.«

Die Online-Ausrede:
»Ich habe mein Paßwort vergessen.«

Die Programm-Ausrede (1):
»Für dieses Programm ist mein Arbeitsspeicher zu klein.«

Die Programm-Ausrede (2):
»Das verträgt sich nicht mit EMS.«

Die Programm-Ausrede (3):
»Ich habe noch nicht die neueste Programmversion.«

Die Programmierer-Ausrede:
»Fragen Sie bitte den Entwickler, wenn er kommt.«

Die Speicher-Ausrede:
»Jemand hat die Diskette mit Kugelschreiber beschriftet.«

Die Zeichenprogramm-Ausrede:
»Ich habe die falsche Grafikkarte.«

Die Verleger-Ausrede:
»Ihr Honorarscheck ist schon unterwegs.«

G. Famous Last Words:

Von vielen großen Männern (und Frauen) sind als die letzten Worte auf ihrem Totenbett unsterbliche Bonmots überliefert. Wesentlich profaner – aber genauso unsterblich – sind die letzten Worte von gewöhnlichen Computerbesitzern.

Was ist schon, aus dramaturgischer Sicht Goethes Forderung nach »Mehr Licht« gegenüber der Frage eines Hardwarebastlers, ob denn auf dem Kabel, das er gerade im Begriff steht anzulöten, noch Strom ist? Natürlich nur in dem Fall, wenn seine (letzte) Frage von den Umstehenden bejaht werden konnte...

»Ich glaube nicht, daß auf diesem Kabel Strom ist.«

»Ich schreibe nur kurz diese Prozedur zu Ende, bevor ich abspeichere.«

»Der Hersteller hat geschrieben, daß diese beiden Steckkarten zusammenarbeiten.«

»In der Computerzeitschrift stand, daß bei dieser Hardwarebastelei nichts passieren kann.«

»Ich glaube nicht, daß dieses Programm einen Virus enthält.«

»Du kannst ruhig abschalten, ich habe den Text schon gespeichert.«

»Auf der Diskette sind bestimmt keine wichtigen Dateien.«

»Lösch' ruhig das ganze Verzeichnis. Ich habe die Dateien ja nochmal.«

»Meine Festplatte ist garantiert virenfrei.«

»Wieso hätte ich vor dem Start des Festplatten-Optimizers ein Backup machen sollen?«

»Dieses Laufwerk verträgt diese Behandlung«.

»Ich brauche doch kein Park-Programm, wenn ich den Computer transportieren will.«

»Meine Notstromversorgung puffert diese Stromschwankungen mühelos.«

»In den Laptop-Akkus ist noch genug Strom.«

»Mir macht ein Absturz nichts aus, das RAM von meinem Laptop ist batteriegepuffert.«

»Sicher ist das die Druckerschnittstelle.«

»Du kannst den Computer ruhig trotz des Gewitters anlassen, schließlich haben wir einen guten Blitzableiter.«

»Vorsicht, fall' nicht über das Kabel.«

Schlußerkenntnis:

Im Kampf zwischen Dir und der digitalen Welt stellst Du dich besser auf die Seite der digitalen Welt.